단계별로 실력을 키워가는

# うきうき
우 키 우 키

 일본어

초급회화

단계별로 실력을 키워 가는
**new 우키우키 일본어 초급회화**

지은이 강경자
감수자 하세가와 유미
펴낸이 임상진
펴낸곳 (주)넥서스

초판　1쇄 발행 2006년 5월 10일
초판 22쇄 발행 2015년 3월 20일

2판　1쇄 발행 2016년 3월 30일
2판 20쇄 발행 2025년 4월 20일

출판신고 1992년 4월 3일 제311-2002-2호
주소 10880 경기도 파주시 지목로 5
전화 (02)330-5500 팩스 (02)330-5555

ISBN 979-11-5752-712-0 13730

저자와 출판사의 허락 없이 내용의 일부를
인용하거나 발췌하는 것을 금합니다.
저자와의 협의에 따라서 인지는 붙이지 않습니다.

가격은 뒤표지에 있습니다.
잘못 만들어진 책은 구입처에서 바꾸어 드립니다.

www.nexusbook.com

단계별로 실력을 키워가는

# NEW うきうき
우 키 우 키

## 일본어 초급회화

강경자 지음
하세가와 유미 감수

넥서스 JAPANESE

## 추천의 글

『우키우키 일본어 회화코스』는 학원이나 대학에서도 충분히 사용 가능한 교재라 생각됩니다. 일본인이 주로 사용하는 표현을 단계적인 학습법에 맞춰 구성해 놓았기 때문입니다. 예를 들어 보통 초급 교재에는 「名前は何ですか」라고 하는 문장이 자주 나옵니다. 하지만 실제 일본인들 사이에서는 「お名前は何とおっしゃいますか」라고 묻는 것이 일반적입니다. 물론 「おっしゃいますか」라는 표현이 어려울 수도 있겠지만, 실용적인 면을 생각하면 「お名前は何とおっしゃいますか」라는 표현을 익혀두는 편이 좋겠지요. 이러한 표현들을 중심으로 DIALOGUE와 EXERCISE 등을 거치면서 자연스럽게 단계별로 실력을 키워나갈 수 있습니다.

DIALOGUE 1보다는 DIALOGUE 2의 레벨이 약간 높게 설정되어 있으며, 이어지는 FREE TALKING에서는 서로의 의견을 일본어로 자유롭게 표현할 수 있는 기회도 제공하고 있습니다. 각 과의 마지막에 등장하는 LEVEL UP EXPRESSION에서는, 본문에서 배우는 표현보다 한 단계 업그레이드된 표현까지 배울 수 있어 '단계별 학습'이라는 의미를 잘 살려주고 있습니다. 간단한 다이얼로그 학습에서부터, 자신의 의사를 자유롭게 표현할 수 있는 프리토킹에 이르기까지, 체계적인 단계별 학습을 통해 실력을 키워나갑시다.

마지막으로 이 책을 통해 학습자 여러분이 한층 더 세련된 일본어를 구사하게 되고, 나아가 일본어뿐만 아니라 일본에도 더욱 더 관심을 가질 수 있게 되기를 간절히 바랍니다.

하세가와 유미

이 책은 기본적으로 일본어 기초 문법을 공부한 학생들을 위해 쓰여진 기초 회화 책이다. 어렵고 지루한 문법 과정을 마친 학생들이 가장 원하는 것은 짧긴 하지만 나름대로 자신의 생각이나 느낌을 일본어로 말해 보는 것이고, 더 나아가 일생생활에서 꼭 필요한 표현을 익히는 것일 것이다. 기존 회화 교재들은 문법을 복습하기 위해 만들어진 문법 위주의 회화 책이 대부분이어서, 회화시간에 주제에 대해서 자유롭게 이야기하지 못하고 정형화된 문법 틀에 맞춰진 딱딱한 표현들을 배워야 했다. 필자는 학원에서 회화코스를 가르칠 때마다 이 점이 너무 아쉬웠다. 그래서 일상생활에서 가장 많이 쓰이는 회화 테마 16가지를 선별하여, 각 주제에 대한 기초적인 자기 표현을 할 수 있도록 최대한 학생의 입장을 배려하여 이 책을 썼다. 이 책의 특징은 주제별로 가능한 한 많은 회화 표현을 익힐 수 있도록 한 것이다. 그리고 기초 문법에서 배운 내용들을 활용하여 회화 연습을 하기 때문에 기초 문법사항에 대해서도 충분한 연습을 할 수 있다. 또한 일상생활에서 많이 쓰이는 어휘를 부록에 정리해 놓아 기초 문법만으로도 충분히 다양한 회화 표현을 익힐 수 있다. 한마디로 이 책은 기존의 문법 중시 경향의 구성에서 탈피하여 가능한 많은 회화문과 회화 연습, 어휘 등을 제공하여, 학습자로 하여금 풍부한 회화 표현을 익힐 수 있도록 한 교재이다. 이 책의 내용만으로도 웬만한 기초 회화는 충분히 가능하다. 이제는 문법에만 얽매여 말하기를 두려워하던 구시대적인 학습법에서 벗어나서 마음껏 이야기해 보자. 부족하지만 자신의 개성과 느낌을 살려 이야기하다 보면 어느새 문법과 회화에 대한 스트레스를 벗어 버리고 회화를 즐기고 있는 자신을 보게 될 것이다. 자신의 생각이 일본어란 표현을 통해서 상대방에게 전달되고 이해될 때, 일본어로 무리없이 의사소통이 될 때의 기쁨은 학습자들에게 무한한 기쁨과 자신감을 줄 것이다. 이 책이 아무쪼록 많은 일본어 초보자들에게 초보의 딱지를 떼고 중급으로 점프할 수 있는 회화력과 어휘력을 갖추게 하는 데 큰 도움이 되길 간절히 바란다.

**첫 머 리 에**

강경자

## 구성과 특징

### 주요 문형
각 과에서 다룰 중요 표현을 짚어보는 부분으로, 회화를 시작하는 첫 번째 관문이다. 짧은 문장으로 되어 있으므로, 쉽게 외워서 회화에 활용할 수 있다.

### DIALOGUE
각 주제별 회화를 두 단계로 나누어 제시하였다. 기초적인 내용을 첫 번째 회화에서, 조금 어려운 표현이나 문법 활용을 필요로 하는 회화를 두 번째로 제시하여 처음부터 어려운 문장을 익혀야 하는 부담감을 최소화하였다.

### EXERCISE
DIALOGUE에 나온 표현을 활용하여 회화연습을 한다. 각 회화 단계에 맞는 연습문제를 제공하여 단계별 학습 효과를 최대화하였다.

 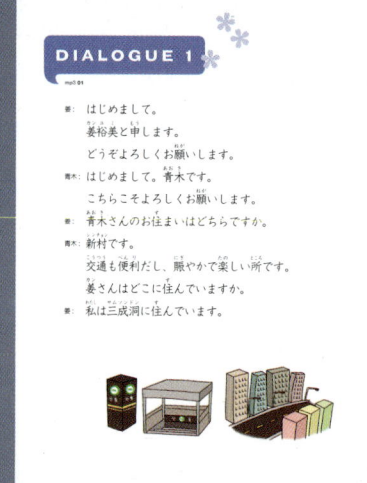 

## FREE TALKING
DIALOGUE와 EXERCISE를 통해 익힌 표현을 가지고 자유롭게 회화를 해 본다. 각 과에서 학습한 내용을 자신의 것으로 만들어 간단한 프리토킹을 시도해 보는 코너이다.

## LEVEL UP EXPRESSION
기초회화에서 다루기엔 조금 어렵지만 실제 회화에서 자주 쓰이는 꼭 알아둬야 할 표현들을 제시하고 있다. 다양하고 풍부한 한 단계 발전된 표현으로 회화를 할 수 있다.

## 포켓북
본책의 DIALOGUE와 EXERCISE 정답, 회화에 도움이 되는 어휘들을 정리해 놓았다. 포켓북을 가볍게 휴대하고 다니면서 어휘를 익히고 본문도 복습할 수 있다.

## うきうき にほんご

## 차 례

| | | |
|---|---|---|
| Lesson 01 | 自己紹介 자기소개 | 9 |
| Lesson 02 | ご家族は何人ですか。 가족은 몇 명입니까? | 15 |
| Lesson 03 | 私の友達 내 친구 | 21 |
| Lesson 04 | 私の一日 나의 하루 | 27 |
| Lesson 05 | 約束 약속 | 33 |
| Lesson 06 | ショッピング 쇼핑 | 39 |
| Lesson 07 | お誕生日とプレゼント 생일과 선물 | 45 |
| Lesson 08 | 私の夢 나의 꿈 | 51 |
| Lesson 09 | 旅行 여행 | 57 |
| Lesson 10 | 映画と音楽 영화와 음악 | 63 |
| Lesson 11 | 料理 요리 | 69 |
| Lesson 12 | 季節と天気 계절과 날씨 | 75 |
| Lesson 13 | 体の調子 몸 상태 | 81 |
| Lesson 14 | 道案内 길 안내 | 87 |
| Lesson 15 | 電話 전화 | 93 |
| Lesson 16 | 訪問 방문 | 99 |

정답     105

# LESSON 01

학습목표: 자기소개 및 취미에 관한 표현 익히기

## 自己紹介

- 주요문형1　はじめまして。
- 주요문형2　私(わたし)は姜裕美(カンユミ)と申(もう)します。
- 주요문형3　今年(ことし)28歳(さい)で、三成洞(サムソンドン)に住(す)んでいます。
- 주요문형4　趣味(しゅみ)はドライブとショッピングです。
- 주요문형5　また料理(りょうり)や旅行(りょこう)も好(す)きです。
- 주요문형6　どうぞよろしくお願(ねが)いします。

# DIALOGUE 1

mp3 01

姜: はじめまして。
　　姜裕美（カンユミ）と申（もう）します。
　　どうぞよろしくお願（ねが）いします。

青木: はじめまして。青木（あおき）です。
　　こちらこそよろしくお願（ねが）いします。

姜: 青木（あおき）さんのお住（す）まいはどちらですか。

青木: 新村（シンチョン）です。
　　交通（こうつう）も便利（べんり）だし、賑（にぎ）やかで楽（たの）しい所（ところ）です。
　　姜（カン）さんはどこに住（す）んでいますか。

姜: 私（わたし）は三成洞（サムソンドン）に住（す）んでいます。

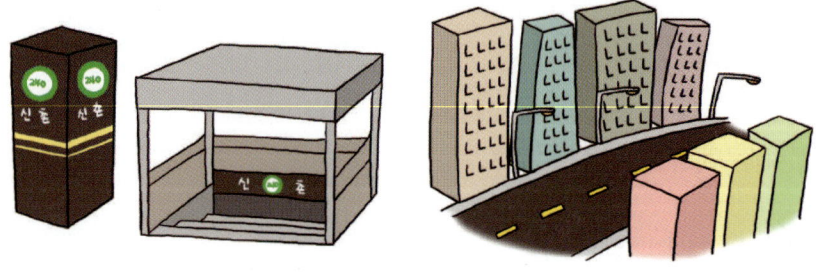

단어　申（もう）す '말하다'의 겸양어 | こちらこそ 저야말로 | 住（す）む 살다 | お住（す）まい 사는곳, 집 | 交通（こうつう） 교통 | 賑（にぎ）やかだ 번화하다

# EXERCISE 1

**1** mp3 02

A: 失礼ですが、お名前は？
B: 私は姜裕美です。

1. 이현우
2. 김민지
3. 유세희
4. 鈴木太郎
5. 山田秀男
6. 田中花子

**2** mp3 03

A: お名前は何とおっしゃいますか。
B: 私は姜裕美と申します。

1. 최동건
2. 박재원
3. 김수지
4. 佐藤健治
5. 高島利香
6. 中村明子

**3** mp3 04

A: どこに住んでいますか。
B: 三成洞に住んでいます。

1. 新宿
2. 渋谷
3. 原宿
4. 新沙洞
5. 狎鴎亭
6. 彌阿洞

단어　お名前 なまえ 성함 | おっしゃいますか 하십니까?

# DIALOGUE 2

mp3 05

姜: 青木さんの趣味は何ですか。

青木: 私の趣味ですか。

料理と旅行です。

また韓国のドラマを見るのも好きです。

姜さんの趣味は?

姜: 私はドライブとショッピングが好きです。

また日本文化とファッションにも興味があります。

단어 | 趣味 しゅみ 취미 | 文化 ぶんか 문화 | ドライブ 드라이브 | ショッピング 쇼핑 | ファッション 패션 | 興味 きょうみ 흥미

# EXERCISE 2

**mp3 06**

**1**

A: 趣味は何ですか。
B: 映画と旅行です。

1. ゲームとショッピング
2. 釣りと山登り
3. 読書と生け花
4. ドライブと料理
5. ゴルフとスキー

**mp3 07**

**2**

A: 趣味は何ですか。
B: 料理を作るのが好きです。

1. 音楽を聴く
2. 絵を描く
3. 囲碁を打つ
4. 山に登る
5. ギターを弾く
6. サッカーを見る
7. マンガを読む

단어　釣つり 낚시 | 山登やまのぼり 등산 | 生いけ花ばな 꽃꽂이 | ゴルフ 골프 | 絵えを描かく 그림을 그리다 | 囲碁いごを打うつ 바둑을 두다 | 山やまに登のぼる 등산하다 | ギターを弾ひく 기타를 치다 | マンガを読よむ 만화를 읽다

01 自己紹介 13

## FREE TALKING

다음 질문을 하고 상대방의 대답을 적어 보세요.

- お名前は何とおっしゃいますか。
- お住まいはどちらですか。
- 趣味は何ですか。

## LEVEL UP EXPRESSION

- 自己紹介させていただきます。
  제 소개를 하겠습니다.

- お会いできて嬉しいです。
  만나 뵙게 되어 기쁩니다.

- 失礼ですが、名刺をいただけますか。
  실례지만, 명함을 주실 수 있습니까?

うきうき にほんご

| LESSON | 학습목표 가족들의 직업과 성격 소개하기 |

# 02

## ご家族は何人ですか。

**주요문형 1** 私の家族を紹介します。

**주요문형 2** わが家は5人家族で、父と母と兄二人と私です。

**주요문형 3** 父は銀行員で56歳です。

**주요문형 4** 真面目で無口な人です。

**주요문형 5** 母は53歳で主婦です。

**주요문형 6** 優しくて明るい人です。

# DIALOGUE 1

mp3 08

青木: 姜さんのご家族は何人ですか。
姜: 5人です。
父と母と兄二人と私です。
青木: 失礼ですが、お父さんのお仕事は何ですか。
姜: 父は銀行員で、ソウル銀行に勤めています。

단어 　何人 なんにん 몇 명 ｜ 失礼 しつれい 실례 ｜ 仕事 しごと 일, 직업 ｜ 銀行員 ぎんこういん 은행원 ｜ 勤 つとめる 근무하다

# EXERCISE 1

**1** mp3 09

A: 何人家族ですか。
B: 3人家族です。
　　父と母と私です。

1. 4人家族 /
   父 母 兄 私
2. 5人家族 /
   父 母 姉 弟 私
3. 6人家族 /
   祖母 両親 兄 妹 私

**2** mp3 10

A: お父さんのお仕事は何ですか。
B: 父は銀行員です。

1. お母さん /
   母 / 主婦
2. お兄さん /
   兄 / 会社員
3. お姉さん /
   姉 / デザイナー
4. 弟さん /
   弟 / 公務員
5. 妹さん /
   妹 / 大学生

단어　主婦 しゅふ 주부 ｜ 会社員 かいしゃいん 회사원 ｜ デザイナー 디자이너 ｜ 公務員 こうむいん 공무원 ｜ 大学生 だいがくせい 대학생

# DIALOGUE 2

mp3 11

青木: お父さんはどんな方ですか。
姜: 父は真面目で厳しい人です。
青木: お母さんも厳しい方ですか。
姜: いいえ、母は明るくて優しいです。
青木: じゃ、裕美さんはお父さんに似ていますか。
　　　お母さんに似ていますか。
姜: そうですね。
　　顔は父に似ていますけど、
　　明るくて活発な性格は母に似ています。

**단어** 厳きびしい 엄격하다 | 似にる 닮다 | 顔かお 얼굴 | 活発かっぱつだ 활발하다 | どんな 어떠한 | 真面目まじめだ 성실하다 |
明あかるい 밝다 | 優やさしい 친절하다 | 性格せいかく 성격

# EXERCISE 2

**mp3 12**

**1**

A: お父さんはどんな方ですか。
B: 父は無口で几帳面な人です。

1. お母さん /
   母 / 気さくだ / 朗らかだ
2. お兄さん /
   兄 / 積極的だ / 頼もしい
3. お姉さん /
   姉 / おとなしい / 穏やかだ
4. 弟さん /
   弟 / 活発だ / 社交的だ
5. 妹さん /
   妹 / おしゃべりだ / 明るい

**mp3 13**

**2**

A: 裕美さんは誰に似ていますか。
B: 顔は父に似ています。

1. お兄さん /
   目 / 父
2. お姉さん /
   口 / 母
3. 弟さん /
   鼻 / 祖母
4. 妹さん /
   後ろ姿 / 母

단어  几帳面 きちょうめんだ 꼼꼼하다 | 気 きさくだ 싹싹하다 | 朗 ほがらかだ 쾌활하다 | 積極的 せっきょくてきだ 적극적이다 | 頼 たのもしい 믿음직하다 | おとなしい 얌전하다 | 穏 おだやかだ 온화하다 | 社交的 しゃこうてきだ 사교적이다

## FREE TALKING

다음 질문을 하고 상대방의 대답을 적어 보세요.

- ご家族は何人ですか。
- お父さん、お母さんはどんな方ですか。
- お兄さん(お姉さん / 弟さん / 妹さん)のお仕事は何ですか。

_____

_____

_____

_____

## LEVEL UP EXPRESSION

- 上の子と下の子は年子です。
  큰아이와 작은아이는 연년생입니다.

- 休学をして就職の準備をしています。
  휴학을 하고 취업 준비중입니다.

- 好き嫌いがはっきりしている性格です。
  싫고 좋음이 분명한 성격입니다.

# LESSON 03

**학습목표**
사람의 외모와 취미 묻고 답하기

## 私の友達

**주요문형 1** 友達の中で一番仲のいい人は誰ですか。

**주요문형 2** 小学校の時から付き合っている友達です。

**주요문형 3** どんな感じの人ですか。

**주요문형 4** ちょっとやせ形で長いストレートの髪をしています。

**주요문형 5** お嬢さんタイプの人です。

**주요문형 6** 朗らかで温かい人です。

# DIALOGUE 1

青木: 姜さんは親しい友達が多いほうですか。

姜: ええ、社交的な性格だから、
あっちこっちに友達がいます。

青木: じゃ、友達の中で一番仲のいい人は誰ですか。

姜: 金閔智さんです。
小学校の時から付き合っている幼なじみで、
どんな悩みごとでも話し合える親友です。

青木: そうですか。彼女はどんな感じの人ですか。

姜: えーっと、一見お嬢さんタイプ？
ちょっとやせ形で長いストレートの髪をして…。

青木: そうですか。一度会ってみたいですね。

단어  親したしい 친하다 | 社交的しゃこうてきだ 사교적이다 | あっちこっち 여기저기 | 仲なかがいい 사이가 좋다 | 付つき合あう 사귀다 | 悩なやみごと 고민거리 | 話はなし合あう 서로 이야기하다 | 感かんじ 느낌 | 幼おさななじみ 소꿉친구 | やせ形がた 마른형 | お嬢じょうさん 아가씨 | ストレート 스트레이트

# EXERCISE 1

**1**

A: 友達の中で一番仲のいい人は誰ですか。
B: 金閔智さんです。

1. 이현우
2. 김수지
3. 유세희
4. 鈴木太郎
5. 山田秀男
6. 田中花子

**2**

A: どんな感じの人ですか。
B: やせ形で髪の長い、お嬢さんタイプの人です。

1. 小太りだ / 背が低い / パーマをかけている / おばさんタイプ
2. スリムだ / 背が高い / おしゃれだ / モデルタイプ
3. 太っている / 背が低い / はげている / おじさんタイプ
4. がっしりしている / 背が高い / 短い髪 / スポーツマンタイプ

단어　小太こぶとりだ 통통하다 | 背せが低ひくい 키가 작다 | パーマをかける 파마를 하다 | おばさんタイプ 아줌마 타입 | スリムだ 슬림하다, 날씬하다 | おしゃれだ 멋쟁이다 | 太ふとる 살찌다 | はげる 벗겨지다 | がっしりしている 다부지다, 단단하다 | スポーツマン 스포츠맨

# DIALOGUE 2

mp3 17

青木: 姜さんの親友の性格は?
どんな性格の友達ですか。

姜: 思いやりのある優しい人です。
朗らかで温かい人だから、
いつもいっしょにいたいですよ。

青木: 彼女の好きなタイプは? 彼氏はいますか。

姜: それが…。まだいません。
男らしくて、真面目で、スマートで、
クールな人がいれば紹介してください。

青木: なるほど。理想が高いのが問題ですね。

단어　思おもいやり 배려 | 温あたたかい 따뜻하다 | いっしょに 함께 | 彼氏かれし 남자친구 | 男おとこらしい 남자답다 | スマートだ 스마트하다 | クールだ 쿨하다 | なるほど 정말, 과연 | 理想りそうが 高たかい 이상이 높다

# EXERCISE 2

**mp3 18**

**1**

A: 姜さんはどんな人ですか。
B: 思いやりのある優しい人です。

1. 木村さん /
   朗らかで温かい
2. 金さん /
   おおらかで男らしい
3. お姉さん /
   おとなしくて真面目だ

**mp3 19**

**2**

A: どんなタイプの人が好きですか。
B: 男らしくて、真面目で、クールな人が好きです。

1. 礼儀正しい / おおらかだ / ロマンチックだ
2. スリムだ / きれいだ / おとなしい
3. かわいい / ボーイッシュだ / 明るい
4. 積極的だ / セクシーだ / 魅力的だ

**단어**  礼儀正しい 예의바르다 | おおらかだ 너그럽다, 너글너글하다 | ロマンチックだ 로맨틱하다 | スリムだ 날씬하다 | かわいい 귀엽다 | ボーイッシュだ 보이쉬하다 | 積極的 적극적 | セクシーだ 섹시하다 | 魅力的 매력적

## FREE TALKING

다음 질문을 하고 상대방의 대답을 적어 보세요.

◆ 異性はどんなタイプの人が好きですか。
　　いせい

◆ 同性はどんなタイプの人が好きですか。
　　どうせい

◆ 一番親しい友達はどんなタイプの人ですか。
　　いちばんした　ともだち　　　　　　　　ひと

## LEVEL UP EXPRESSION

◆ 誰にでも好かれるタイプです。
　　だれ　　　　す
누구에게나 사랑받는 타입입니다.

◆ 気の合う友達です。
　　き　あ　ともだち
마음이 잘 맞는 친구입니다.

◆ 憧れの的です。
　　あこが　まと
동경의 대상입니다.

うきうき にほんご

# LESSON 04

학습목표
**하루의 일과에 관한 표현 익히기**

## 私の一日

**주요문형 1** 私は毎朝６時に起きます。

**주요문형 2** 家の前の公園に行って軽い運動をします。

**주요문형 3** シャワーを浴びて７時半ごろ家を出ます。

**주요문형 4** 朝ごはんは食べるときもありますけど、普通は食べません。

**주요문형 5** 家から会社まで地下鉄で40分ぐらいかかります。

**주요문형 6** 仕事が終わったあとは日本語学校に行きます。

# DIALOGUE 1

mp3 20

吉田：崔さんは普通何時に起きますか。

崔：私は普通6時に起きます。

吉田：わあ〜、6時に起きるんですか。早起きですね。
朝早く起きてから何をしますか。

崔：家の前の公園に行って軽い運動をします。

吉田：ええっ！早起きに運動まで！
すごいですね。じゃ、毎日朝ごはんを食べますか。

崔：朝ごはんは食べるときもありますけど、
普通は食べません。

단어　普通ふつう 보통 | 起おきる 일어나다 | 早起はやおき 일찍 일어남, 일찍 일어나는 사람 | 朝早あさはやく 아침 일찍 | 公園こうえん 공원 | 軽かるい 가볍다 | 運動うんどう 운동 | 朝あさごはん 아침밥

# EXERCISE 1

**1**

A: Bさんは普通朝何時に起きますか。
B: 普通6時に起きます。
A: 朝起きて何をしますか。
B: 軽い運動をしてシャワーを浴びます。

1. 5時 /
   スポーツセンターに行く / 水泳をする
2. 6時半 /
   シャワーを浴びる / 朝ごはんを食べる
3. 7時 /
   コーヒーを飲む / 新聞を読む
4. 8時 /
   顔を洗う / ニュースを聞く

**2**

A: 毎日朝ごはんを食べますか。
B: 食べるときもありますけど、普通は食べません。

1. 朝の運動 /
   する / しない
2. 週末にデート /
   しない / する
3. 日本語の勉強 /
   しない / する
4. お風呂 /
   入らない / 入る
5. 貯金 /
   しない / する

단어　スポーツセンター 스포츠센터 | 水泳すいえい 수영 | デート 데이트 | シャワーを浴あびる 샤워하다 | 顔かおを洗あらう 세수를 하다 | ニュースを聞きく 뉴스를 듣다 | 週末しゅうまつ 주말 | お風呂ふろに入はいる 목욕하다 | 貯金ちょきん 저축

# DIALOGUE 2

mp3 23

吉田： 崔さんは普通何時に家を出ますか。
崔： 7時半頃には家を出ます。
吉田： 家から会社までどのくらい時間がかかりますか。
崔： そうですね。地下鉄で40分ぐらいかかりますけど、
歩く時間もあるので余裕をもって出ます。
吉田： 地下鉄の中では何をしますか。
崔： 英会話や日本語の勉強をしたり、
音楽を聴いたりします。

**단어** 家いえを出でる 집을 나서다 | 時間じかんがかかる 시간이 걸리다 | 余裕よゆう 여유 | 地下鉄ちかてつ 지하철 | 英会話えいかいわ 영어회화

# EXERCISE 2

**mp3 24**

**1**

A: 普通何時に家を出ますか。
B: 7時半頃に家を出ます。
A: 家から会社まで、どのくらい時間がかかりますか。
B: そうですね。地下鉄で40分ぐらいかかります。

1. 会社に着く / 8時半 /
   駅から会社まで / 歩いて10分
2. 会社を出る / 6時 /
   会社から日本語学校まで / バスで20分
3. 家に帰る / 10時 /
   日本語学校から家まで / 地下鉄で1時間

**mp3 25**

**2**

A: 通勤電車の中で何をしますか。
B: 日本語の勉強をしたり、音楽を聴いたりします。

1. 公園 /
   散歩する / 運動する
2. スポーツセンター /
   水泳をする / ヨガをする
3. 日本語の授業 /
   文法を覚える / 会話の練習をする
4. 会議 /
   研究資料を発表する / 新しい計画を立てる

단어　会社かいしゃに着つく 회사에 도착하다 | 通勤つうきん 통근 | 散歩さんぽ 산보 | 文法ぶんぽうを覚おぼえる 문법을 익히다 | 練習れんしゅう 연습 | 会議かいぎ 회의 | 研究資料けんきゅうしりょう 연구자료 | 発表はっぴょうする 발표하다 | 計画けいかくを立たてる 계획을 세우다

## FREE TALKING

자신의 하루 스케줄에 대해 말해 보세요.

- 何時に起きますか。
- 朝起きて最初に何をしますか。
- 毎日規則的にすることは何ですか。

## LEVEL UP EXPRESSION

- 朝食はパンとコーヒーで簡単に済ませます。
  아침은 빵과 커피로 간단히 때웁니다.

- 運動をして汗を流します。
  운동을 하고 땀을 뺍니다.

- アフターファイブは日本語学校に通っています。
  퇴근 후에는 일본어 학원에 다니고 있습니다.

# うきうき にほんご

**LESSON**

학습목표
약속 장소와 시간 정하기

## 05

## 約束

1. 映画の試写会に行くことになりました。
2. まず三成洞のCOEXで12時に会います。
3. ファミリーレストランで食事をしました。
4. 韓国のドラマや映画が大好きな韓流派です。
5. 憧れの俳優に会えてとても嬉しいです。

# DIALOGUE 1

mp3 26

崔： 今度の週末、暇ですか。

吉田： ええ、何かありますか。

崔： 映画の試写会のチケットが手に入ったので。よかったら、いっしょに行きませんか。

吉田： 試写会！じゃ、映画に出ている俳優にも会えるんですか。

崔： ええ、監督や映画に出演した俳優にも会えると思います。

吉田： わあ、夢みたい。

崔： 今週の土曜日12時に、COEXで会いましょうか。試写会は4時からだから、先に会ってお昼でも食べましょう。

단어　暇ひま 시간, 여유 ｜ チケット 티켓 ｜ 手てに入はいる 손에 넣다. 얻다 ｜ 俳優はいゆう 배우 ｜ 監督かんとく 감독 ｜ 出演しゅつえん 출연 ｜ 会あえる 만나게 되다 ｜ 先さきに 먼저 ｜ お昼ひる 점심식사

# EXERCISE 1

**mp3 27**

**1**

A: 試写会にいっしょに行きませんか。
B: 試写会？いいですね。
　　いつどこで会いましょうか。
A: 今週の土曜日12時に、COEXで会いましょう。

1. 映画 /
　明日の午後6時 / 江南駅
2. コンサート /
　今週の土曜日5時 / COEX
3. ミュージカル /
　来週の水曜日6時半 / 文化会館
4. ファッションショー /
　来週の金曜日3時 / 三成駅
5. ドライブ /
　明後日の朝9時 / 家の前

**mp3 28**

**2**

A: 今日のお昼は何にしましょうか。
B: 久しぶりにお寿司はどうですか。
A: いいですね。じゃ、今日のお昼はお寿司にしましょう。

1. 夕食 / ステーキ
2. 明日の朝食 / ご飯と味噌汁
3. 今日のメニュー / 冷麺

단어　文化会館 ぶんかかいかん 문화 회관 | ステーキ 스테이크 | 味噌汁 みそしる 된장국 | コンサート 콘서트 | ミュージカル 뮤지컬 |
　　　ファッションショー 패션쇼 | 久 ひさしぶり 오랜만에 | 寿司 すし 생선초밥 | 朝食 ちょうしょく 아침식사 | メニュー 메뉴

# DIALOGUE 2

mp3 29

崔： 試写会はどうでしたか。

吉田： 本当に感動的でした。
何よりも憧れのヨン様に会えて
今でも夢みたいです。

崔： そうですか。
吉田さんに気に入ってもらえて嬉しいです。
家に帰るにはまだ早いですから、
ワールドランドにでも行きましょうか。

吉田： いいですね。ここからあまり遠くないし、
見る所や食べる所がいっぱいありますから。

崔： じゃ、決まり！
ワールドランドで夕食をすることにしましょう。

단어　感動的 かんどうてき 감동적 ｜ 憧 あこがれ 동경 ｜ 夢 ゆめ 꿈 ｜ 気 き に入 い る 마음에 들다 ｜ いっぱい 가득 ｜ 決 き まり 결정 ｜ 夕食 ゆうしょく 저녁식사

# EXERCISE 2

**mp3 30**

**1**

A: 試写会はどうでしたか。
B: 本当に感動的でした。

1. 街の雰囲気 / 賑やかだ
2. ファッションショー / 華やかだ
3. デート / 楽しい
4. 旅行 / 面白い
5. 映画 / つまらない

**mp3 31**

**2**

A: ワールドランドに行きましょうか。
B: いいですね。
A: じゃ、ワールドランドで夕食をすることにしましょう。

1. 東大門 / ショッピングをする
2. 温泉 / ゆっくりする
3. 図書館 / 勉強をする
4. 海辺 / 刺身を食べる
5. 南山タワー / 夜景を見る

---

**단어** 街まち 거리 | 雰囲気ふんいき 분위기 | 賑にぎやかだ 번화하다 | 華はなやかだ 화려하다 | 楽たのしい 즐겁다 | ショッピング 쇼핑 | 海辺うみべ 바닷가 | 夜景やけい 야경

05 約束 37

## FREE TALKING

다음 질문을 하고 상대방의 대답을 적어 보세요.

◆ 暇なとき、誰とどこによく行きますか。

◆ 恋人と遊びに行くなら、どこに行きますか。

◆ 初めて韓国に来た友達を、どこに連れて行きますか。

## LEVEL UP EXPRESSION

◆ 一度食事でも一緒にしたいのですが、いつがよろしいでしょうか。
한번 식사라도 함께 하고 싶습니다만, 언제가 좋으십니까?

◆ 土曜日ならいつでもかまいません。
토요일이라면 언제든지 상관없습니다.

◆ 場所と時間はお任せ致します。
장소와 시간은 알아서 정해 주세요.

# LESSON 06

학습목표
**가격과 수량 표현 익히기**

うきうき にほんご

## ショッピング

1. 昨日は東大門へショッピングに行きました。
2. ブラウス1枚とスカート1枚を買いました。
3. ブラウスは2万5千ウォンで、スカートは3万8千ウォンでした。
4. 帰り道に屋台でたこ焼きを買って食べました。
5. 8つで2千ウォンでした。
6. 東大門でのショッピングはいつも楽しいです。

# DIALOGUE 1

mp3 32

店員： いらっしゃいませ。

崔： すみません。あのグレーのスカート、ちょっと見せてください。

店員： はい、どうぞ。

崔： これはいくらですか。

店員： 4万ウォンです。

崔： ちょっと高いですね。少し負けてください。

店員： それはちょっと…。
じゃ、この青いスカートはどうですか。
素材もいいし、値段も安くなっています。

崔： そうですか。じゃ、それはいくらですか。

店員： これは3万ウォンです。

崔： じゃ、それにします。

店員： はい、かしこまりました。
ありがとうございます。

---

단어　グレー 회색 | スカート 스커트 | 負けてください 깎아 주세요 | 素材そざい 소재 | 値段ねだん 가격 | かしこまりました 알겠습니다

# EXERCISE 1

**1**

A: この赤いワンピースはいくらですか。

B: 5万ウォンです。

A: 高いですね。
少し負けて、4万5千ウォンにしてください。

1. 白いブラウス /
   4万7千 → 4万5千
2. ピンクのズボン /
   3万2千 → 3万
3. 青いシャツ /
   1万8千 → 1万5千
4. グリーンのジャケット /
   9万9千 → 9万6千
5. ベージュのトレンチコート /
   12万5千 → 11万5千
6. オレンジのパンプス /
   8万3千 → 8万

단어　ブラウス 블라우스 | ジャケット 자켓 | ベージュ 베이지 | トレンチコート 트렌치코트 | パンプス 펌프스 | ワンピース 원피스 | ピンク 핑크 | ズボン 바지 | グリーン 그린 | オレンジ 오렌지

# DIALOGUE 2

mp3 34

店員：いらっしゃいませ。

崔：　すみません。りんごは１ついくらですか。

店員：りんごは１つ2500ウォンです。

崔：　じゃ、梨（なし）はいくらですか。

店員：大（おお）きいのは１つ5000ウォンで、

　　　小（ちい）さいのは１つ2000ウォンです。

崔：　じゃ、大（おお）きいの３つください。

店員：はい、15000ウォンになります。

단어　いらっしゃいませ 어서오세요 ｜ りんご 사과 ｜ 梨 배

# EXERCISE 2

**mp3 35**

**1**

A: すみません。たこ焼きはいくらですか。
B: 8つで2000ウォンです。

1. トマト / 5つ 6000ウォン
2. 焼き芋 / 3つ 2000ウォン
3. おにぎり / 2つ 1500ウォン
4. あんパン / 4つ 2500ウォン
5. 餃子 / 6つ 3000ウォン

**mp3 36**

**2**

A: すみません。梨はいくらですか。
B: 大きいのは1つ5000ウォンで、小さいのは1つ2000ウォンです。
A: じゃ、大きいの3つください。
B: はい、15000ウォンになります。

1. りんご /
   大きいの 1つ 2500ウォン / 小さいの 1つ 1500ウォン
   小さいの 5つ / 7500ウォン
2. キウイ /
   大きいの 1つ 800ウォン / 小さいの 1つ 600ウォン
   大きいの 5つ / 4000ウォン
3. いちご /
   大きいの 100グラム 1980ウォン / 小さいの 100グラム 1560ウォン
   大きいの 300グラム / 5940ウォン

단어　焼やき芋いも 군고구마 ｜ おにぎり 주먹밥 ｜ あんパン 호빵 ｜ 餃子ぎょうざ 만두 ｜ キウイ 키위 ｜ いちご 딸기

## FREE TALKING

다음 질문을 하고 상대방의 대답을 적어 보세요.

- ショッピングが好きですか。
- 普通どこでショッピングをしますか。
- 値切るのが上手ですか。

## LEVEL UP EXPRESSION

- 何をお求めですか。
  무엇을 찾으십니까?

- この製品はただいま売り切れです。
  이 제품은 지금 다 팔렸습니다.

- 今年のトレンドカラーはホワイトです。
  올해의 트랜드 컬러는 화이트입니다.

# うきうき にほんご

## LESSON 07

학습목표: 생년월일과 수수동사 표현 익히기

## お誕生日とプレゼント

**주요문형 1** 私の誕生日は12月24日です。

**주요문형 2** 多くの友達が誕生日を祝ってくれます。

**주요문형 3** 両親が買ってくれた最新型のケータイです。

**주요문형 4** 今年の誕生日は恋人に祝ってもらいたいです。

**주요문형 5** 誰かいい人、紹介してくれませんか。

# DIALOGUE 1

mp3 37

吉田： 崔さん、お誕生日はいつですか。

崔： 12月24日です。

吉田： えっ、12月24日！
じゃ、クリスマスイブがお誕生日なんですか。

崔： はい、そうです。
それでみんなよく覚えてくれます。
吉田さんのお誕生日はいつですか。

吉田： 私の誕生日ですか。7月31日です。

崔： そうですか。7月生まれですね。
失礼ですけど、吉田さんは何年生まれですか。

吉田： 1979年生まれです。未年です。

崔： そうですか。
じゃ、私の妹と同い年ですね。

**단어** 誕生日 たんじょうび 생일 | クリスマスイブ 크리스마스 이브 | 覚 おぼえる 외우다, 기억하다 | ～てくれる (남이 나에게)～해 주다
何年 なんねん 生 うまれ 몇 년생 | 未年 ひつじどし 양띠 | 同 おない年 どし 동갑

# EXERCISE 1

**mp3 38**

**1**

A: お誕生日はいつですか。
B: 12月24日です。

1. 3月27日
2. 5月8日
3. 9月12日
4. 10月31日

**mp3 39**

**2**

A: 失礼ですが、何年生まれですか。
B: 1977年生まれで、巳年です。

1. 1976年 / 辰年
2. 1987年 / 卯年
3. 1984年 / 子年
4. 1969年 / 酉年

단어　巳年 へびどし 뱀띠

# DIALOGUE 2

mp3 40

崔： 今までにもらった誕生日プレゼントの中で、
何が一番嬉しかったですか。

吉田： そうですね。高校1年生の時、
両親にケータイを買ってもらったんですが、
本当に嬉しかったです。

崔： そうですか。この頃は小学生でもケータイを持って
いる子がいますけど、一昔前はあまりケータイを
持っている人がいませんでしたからね。

吉田： もう一つ記憶に残っている思い出のプレゼントは、
彼氏からもらった100輪のバラの花と香水。
20歳の誕生日のプレゼントにもらいました。

**단어** 嬉うれしい 기쁘다 | この頃ごろ 요즘 | 一昔ひとむかし 한옛날, 그리 오래지 않은 과거 | 記憶きおくに残のこる 기억에 남다 | 思おもい出で 추억 | 彼氏かれし 남자친구 | 100輪りんのバラの花はな 100송이 장미 | 香水こうすい 향수

# EXERCISE 2

**mp3 41**

**1**

A: 誕生日プレゼントに何をもらいましたか。

B: 友達に本をもらいました。

1. 誕生日プレゼント / 兄 / 財布
2. 入学祝いのプレゼント / 姉 / 電子辞書
3. 卒業祝いのプレゼント / 両親 / スーツ
4. 入社祝いのプレゼント / 恋人 / ネクタイ
5. 結婚記念のプレゼント / 夫 / ネックレス
6. 引越し祝いのプレゼント / 同僚 / スタンド

**mp3 42**

**2**

A: 誕生日の日に、友達は何をしてくれましたか。

B: パーティーをしてくれました。

1. 家族 / おいしい料理を作る
2. 恋人 / コンサートに誘う
3. 友達 / 歌を歌う
4. 同僚 / 写真を撮る

**단어** 財布さいふ 지갑 | 祝いわい 축하 | 電子辞書でんしじしょ 전자사전 | スーツ 정장 | ネックレス 목걸이 | 引ひっ越こし 이사 | 同僚どうりょう 동료 | スタンド 스탠드 | 誘さそう 초청하다, 부르다

07 お誕生日とプレゼント 49

## FREE TALKING
다음 질문을 하고 상대방의 대답을 적어 보세요.

- 今までにもらったプレゼントの中で、一番嬉しかったプレゼントは何ですか。
- 友達の誕生日にどんなプレゼントをしますか。
- あなたの特別な日に、誰に何をしてもらいたいですか。

## LEVEL UP EXPRESSION

- 真心のこもったプレゼントです。
  정성이 담긴 선물입니다.
- 心から幸せをお祈りします。
  마음으로부터 행복을 빕니다.
- 一番の贈り物はあなたです。
  제일의 선물은 당신입니다.

うきうき にほんご

## LESSON 08

学습목표
장래희망과 전공 표현 익히기

# 私の夢

**주요문형 1** 私は幼いとき、漫画家になりたかったです。

**주요문형 2** そのあと、私の夢は次々と変わりました。

**주요문형 3** 今は立派な建築家になりたいです。

**주요문형 4** 将来どんなことをしてみたいですか。

**주요문형 5** きっと夢が叶うと思います。

# DIALOGUE 1

mp3 43

青木： 幼いときの夢は何でしたか。
　　　 大きくなったら何になりたかったですか。

姜： そうですね。
　　 はじめは漫画家になりたかったのですが、
　　 そのあと小説家、医者、大学教授など、
　　 次々と夢が変わりました。

青木： じゃ、今の将来の夢は何ですか。

姜： 今は立派な建築家になりたいです。

단어　幼おさない 어리다 | 夢ゆめ 꿈 | 漫画家まんがか 만화가 | はじめ 처음 | 小説家しょうせつか 소설가 | 医者いしゃ 의사 | 大学教授だいがくきょうじゅ 대학교수 | 次々つぎつぎと 계속, 연이어 | 変かわる 변하다 | 将来しょうらい 장래 | 立派りっぱだ 훌륭하다 | 建築家けんちくか 건축가

# EXERCISE 1

**mp3 44**

**1**

A: 幼いときの夢は何でしたか。
B: 私は漫画家になりたかったです。

1. 大統領
2. 警察官
3. 消防士
4. スチュワーデス
5. パイロット
6. 外交官
7. 芸能人

**mp3 45**

**2**

A: 今も幼いときの夢と同じ夢を持っていますか。
B: いいえ、はじめは漫画家になりたかったのですが、次々と夢が変わって、今は建築家になりたいです。

1. 大統領 / 公務員
2. 警察官 / 会計士
3. 消防士 / 銀行員
4. スチュワーデス / アナウンサー
5. パイロット / 写真作家
6. 外交官 / 教師
7. 芸能人 / 美容師

단어　大統領 だいとうりょう 대통령 | 公務員 こうむいん 공무원 | 警察官 けいさつかん 경찰관 | 会計士 かいけいし 회계사 | 消防士 しょうぼうし 소방수 | スチュワーデス 스튜어디스 | アナウンサー 아나운서 | パイロット 파일럿 | 外交官 がいこうかん 외교관 | 芸能人 げいのうじん 연예인 | 美容師 びようし 미용사

# DIALOGUE 2

mp3 46

青木: 姜さんは将来どんなことをしてみたいですか。

姜: 私の将来の夢ですか。
私は建築家になって、人々の役に立つ立派な建物を
いっぱい建てたいです。

青木: ああ、それで大学で建築を専攻なさったんですね。

姜: はい、そうです。機会があれば、
日本へ留学に行って、もっと専門的な勉強をして
きたいと思っています。

青木: そうですか。本当に素敵な夢ですね。
頑張ってください。
きっと夢が叶うと思いますよ。

단어　役やくに立たつ 도움되다, 유익하다 | それで 그래서 | 専攻せんこう 전공 | 専門的せんもんてき 전문적 | 頑張がんばる 분발하다, 힘내다 | 夢ゆめが叶かなう 꿈이 이뤄지다

# EXERCISE 2

**1**

A: 将来どんなことをしてみたいですか。
B: 私の将来の夢ですか。私は建築家になって、人々の役に立つ立派な建物をいっぱい建てたいです。

1. 科学者 / 研究をする
2. 大学教授 / 学生たちを育成する
3. 外交官 / 外交関係を築く
4. 芸術家 / 作品を作る

**단어** 科学者 かがくしゃ 과학자 | 研究 けんきゅう 연구 | 育成 いくせい する 육성하다 | 外交関係 がいこうかんけい 외교관계 | 芸術家 げいじゅつか 예술가 | 作品 さくひん 작품

# FREE TALKING
다음 질문을 하고 상대방의 대답을 적어 보세요.

- 幼いときの夢は何でしたか。
- 今の将来の夢は何ですか。
- 一生の間に、必ずやってみたいことは何ですか。

# LEVEL UP EXPRESSION

- 世界的な企業のCEOになって、社会に貢献したいです。
  세계적인 기업의 CEO가 되어 사회에 공헌하고 싶습니다.
- 社会に役立つやりがいのある仕事をしたいです。
  사회에 도움되는 보람있는 일을 하고 싶습니다.
- 映画監督になって、立派な映画を作ってみたいです。
  영화 감독이 되어 멋진 영화를 만들어 보고 싶습니다.

# うきうき にほんご

## LESSON 09

**학습목표**
여행 경험과 계획에 대해 이야기하기

### 旅行

주요문형1 日本に行ったことがありますか。

주요문형2 この前、日本へ旅行に行ってきました。

주요문형3 今度機会があれば一緒に行きましょう。

주요문형4 自由時間があまりなくて少し残念でした。

주요문형5 自由旅行でゆっくりと行ってきたいです。

# DIALOGUE 1

mp3 48

青木： 姜さん、今度の連休に何をしますか。

姜： 私は日本に旅行に行きます。

青木： わあー、いいですね。
で、日本のどこに行くんですか。

姜： まず別府の温泉に行って、
そのあと阿蘇山にも行ってみるつもりです。

青木： うらやましいですね。
今度機会があればいっしょに行きましょう。

단어　連休 れんきゅう 연휴 ｜ 温泉 おんせん 온천 ｜ ～てみる ~해 보다 ｜ つもり 예정 ｜ うらやましい 부럽다 ｜ 今度 こんど 다음번 ｜ 機会 きかい 기회

# EXERCISE 1

**mp3 49**

**1**

A: 日本に行ったことがありますか。

B: はい、去年旅行に行ってきました。

1. 先月 / 出張
2. 半年前 / 研修
3. 1年前 / 留学
4. この前 / 観光

**mp3 50**

**2**

A: 今度の連休に何をしますか。

B: 私は日本に旅行に行きます。

A: わあー、うらやましいですね。で、日本のどこに行くんですか。

B: 別府の温泉に行ってくるつもりです。

1. 東京の新宿、銀座などの繁華街
2. 北海道の雪祭り
3. 大阪のユニバーサルスタジオ
4. 長崎のハウステンボス
5. 箱根の温泉

단어　出張 しゅっちょう 출장 ｜ 研修 けんしゅう 연수 ｜ 留学 りゅうがく 유학 ｜ 観光 かんこう 관광 ｜ 繁華街 はんかがい 번화가 ｜ 雪祭り ゆきまつり 눈축제

# DIALOGUE 2

mp3 51

青木: 姜さんは日本に行ったことがありますか。

姜: はい、この前旅行に行ってきました。福岡から東京まで一周しました。

青木: じゃ、新幹線で回ったのですか。

姜: はい、そうです。

青木: 旅行はどうでしたか。

姜: 本当に楽しかったです。ただ、パッケージ旅行で、十分な時間がなかったのが残念でした。今度また機会があれば、自由旅行でゆっくりと行ってきたいです。

단어　一周 いっしゅう 일주 ｜ 回 まわる 돌다 ｜ パッケージ旅行 りょこう 패키지여행 ｜ 十分 じゅうぶんだ 충분하다 ｜ 残念 ざんねん 아쉽다 ｜ 自由旅行 じゆうりょこう 자유여행 ｜ ゆっくり 느긋하게, 천천히

# EXERCISE 2

**1**

A: 旅行はどうでしたか。

B: とても楽しかったです。でも、パック旅行で、自由時間があまりなかったのが残念でした。

1. 印象的だった / 日本語が上手に話せなかった
2. 面白かった / 物価が高くてプレゼントをいっぱい買えなかった
3. 楽しかった / 宿泊先が狭くて不便だった
4. 面白かった / 友達がいっしょに行けなかった

**2**

A: 機会があれば、またどこに行ってみたいですか。

B: そうですね。今度機会があれば、家族といっしょにヨーロッパに行ってみたいです。

1. 友達 / ヒッチハイク旅行
2. 恋人 / オーストラリア
3. 家族 / ハワイ
4. 家内 / スイス
5. 両親 / 箱根の温泉リゾート

단어　国内一周 こくないいっしゅう 국내일주 ｜ ヒッチハイク旅行 りょこう 히치하이크 여행 ｜ 家内 かない 아내 ｜ リゾート 리조트

## FREE TALKING

다음 질문을 하고 상대방의 대답을 적어 보세요.

- 海外旅行に行ったことがありますか。
- 海外旅行に行くなら、どこに行きたいですか。
- 旅行先の中で、お勧めのところはありますか。

## LEVEL UP EXPRESSION

- 美しい大自然を満喫できる旅です。
  아름다운 대자연을 만끽할 수 있는 여행입니다.

- 観光、ショッピング、グルメなどのお楽しみいっぱいのツアーです。
  관광, 쇼핑, 맛있는 식사 등의 즐거움이 가득한 투어입니다.

- 満足で快適な旅のお勧めコースです。
  만족스럽고 쾌적한 여행의 추천 코스입니다.

- 温泉はもちろんゴルフ、スキーも楽しめます。
  온천은 물론 골프, 스키도 즐길 수 있습니다.

# うきうき にほんご

## LESSON 10

학습목표
영화와 음악에 대한 표현 익히기

# 映画と音楽

**주요문형 1** 日本映画にはまっています。

**주요문형 2** 岩井俊二監督のラブレターが一番印象的でした。

**주요문형 3** いろんなジャンルの映画が好きです。

**주요문형 4** どんな音楽が好きですか。

**주요문형 5** 音楽のサウンドトラックが好きです。

# DIALOGUE 1

mp3 54

青木: 日本の映画を見たことがありますか。

姜: ええ、もちろんです。
日本映画にはまっています。

青木: じゃ、一番印象的だった日本映画は何ですか。

姜: 岩井俊二監督の「ラブレター」が一番印象的でした。

青木: そうですか。
私も岩井俊二監督の映画はとても好きです。
映画のジャンルでは何が好きですか。

姜: いろんなジャンルの映画が好きですけど、
特にロマンティックコメディーが好きです。

단어　もちろん 물론 | はまる 빠지다 | 印象的 いんしょうてき 인상적 | ジャンル 장르 | 特 とくに 특히 | ロマンティック 로맨틱 | コメディー 코미디

# EXERCISE 1

## 1 mp3 55

A: 特に印象的だった映画は何ですか。
B: 岩井俊二監督の「ラブレター」が印象的でした。

1. 猟奇的な彼女 엽기적인 그녀
2. 私の頭の中の消しゴム 내 머리 속의 지우개
3. 君は僕の運命 너는 내 운명
4. マラソン 말아톤
5. ブラザーフッド 태극기 휘날리며

## 2 mp3 56

A: 好きな映画のジャンルは何ですか。
B: ロマンティックコメディーが好きです。

1. ファンタジー映画
2. アクション映画
3. サスペンス映画
4. アニメーション
5. ホラー映画
6. 戦争映画

단어  ファンタジー 환타지 | アクション 액션 | サスペンス 서스펜스 | アニメーション 애니메이션 | ホラー 호러, 공포 | 戦争 せんそう 전쟁

# DIALOGUE 2

mp3 57

姜: 青木さんはどんな音楽が好きですか。

青木: 私はジャズが好きです。

姜: そうですか。
じゃ、今度ジャズカフェに行きましょうか。
大学路に有名なジャズカフェがありますよ。

青木: へえ〜、そうですか！ぜひ行ってみたいです。
姜さんもジャズが好きですか。

姜: ええ、映画のサウンドトラックをはじめ、
ジャズ、クラシック、J-POPなど、
ほとんどのジャンルの音楽が好きです。

단어　ジャズカフェ 재즈카페 | ぜひ 부디, 꼭 | 〜をはじめ 〜을 비롯하여 | クラシック 클래식

# EXERCISE 2

**mp3 58**

**1**

A: どんな音楽が好きですか。
B: ジャズが好きです。

1. クラシック
2. ロック
3. J-POP
4. 演歌
5. フォークやシャンソン
6. アニメソングや映画音楽

단어　ロック 록 ｜ 演歌 えんか 트로트 ｜ フォーク 포크송 ｜ シャンソン 샹송 ｜ アニメソング 만화영화 주제가

## FREE TALKING

다음 질문을 하고 상대방의 대답을 적어 보세요.

◆ 一番印象的だった映画は何ですか。

◆ 映画を見ながら涙を流したことがありますか。

◆ どんな音楽が好きですか。

◆ 一番好きな曲は？

## LEVEL UP EXPRESSION

◆ 心温まるストーリーの映画です。
마음을 훈훈하게 해 주는 스토리의 영화입니다.

◆ 手に汗握るスリル満点の映画です。
손에 땀을 쥐게 하는 스릴 만점의 영화입니다.

◆ ラストシーンがとても感動的でした。
마지막 장면이 매우 감동적이었습니다.

◆ この音楽を聴くと、落ち着いた気分になります。
이 음악을 들으면 마음이 차분해집니다.

## LESSON 11

**학습목표**
좋아하는 요리에 대해 말하기

### 料理

1. 私は料理が大好きです。
2. 料理を作るのも食べるのも、どちらも好きです。
3. 一番自信のある料理はすき焼きとしゃぶしゃぶです。
4. 食べるのは好きですが、作るのはあまり…。
5. キムチチゲの作り方を教えてください。

# DIALOGUE 1

mp3 59

姜： 青木さんは料理が好きですか。

青木： ええ、大好きです。
料理なら作るのも食べるのも、どちらも好きです。

姜： そうですか。
じゃ、料理の中で、何が一番得意ですか。

青木： そうですね。すき焼きやしゃぶしゃぶなどの、
料理が一番自信があります。
作りやすいし、おいしいし…。

姜： わあー、すごいですね。
私、しゃぶしゃぶが大好きなんですけど、
簡単に作れるんですか。今度教えてください。

青木： いいですよ。一度家に遊びに
来てください。

단어　大好だいすきだ 매우 좋아하다 | 作つくる 만들다 | どちらも 어느 쪽도 | 得意とくいだ 특기처럼 아주 잘한다 | すき焼やき 스키야키
(일본 전골요리) | 作つくりやすい 만들기 쉽다 | 簡単かんたんに 간단하게 | 教おしえる 가르치다 | 一度いちど 한 번

# EXERCISE 1

**1**

A: 料理の中で、どんな料理が好きですか。
B: 和食が好きです。
A: そうですか。和食は私も大好きです。
B: 和食の中では、何が一番好きですか。
A: 和食はほとんど好きですが、お寿司が一番好きです。

1. 韓国料理 / キムチチゲ
2. 中華料理 / 春巻き
3. イタリア料理 / パスタ
4. 日本料理 / すき焼き

단어   和食 わしょく 일식 | ほとんど 대부분 | 中華料理 ちゅうかりょうり 중하요리 | 春巻 はるまき 춘권 | パスタ 파스타

# DIALOGUE 2

mp3 61

青木: 裕美さんは料理が好きですか。

姜: 料理ですか。
食べるのは好きですが、
作るのはあまり…。

青木: そうですか。
韓国にいる間に、キムチや
キムチチゲの作り方を覚えたくて…。

姜: 私、キムチは作れませんが、
キムチチゲなら作れますよ。

青木: じゃ、おいしいキムチチゲの作り方を教えて
ください。

姜: キムチチゲはキムチがあれば誰でも作れますよ。
キムチを切ってお鍋に入れて、適当に水を入れて
煮たらいいです。超簡単！

# EXERCISE 2

**mp3 62**

**1**

A: キムチは作れませんが、キムチチゲなら作れますよ。

1. スパゲッティ / ラーメン
2. ナムル / サラダ
3. 寿司 / おにぎり
4. ピザ / チヂミ

**mp3 63**

**2**

A: キムチチゲの作り方を教えてください。

B: キムチを切って、お鍋にキムチと水を入れて煮たら、できあがりです。

1. チヂミ
   小麦粉の生地にネギ、キムチ、いろいろな野菜を入れてフライパンで焼く
2. プルコギ
   薄切りにした牛肉に醤油、砂糖、胡麻油などを入れて作ったタレに漬け込んで焼く
3. ビビンバ
   ご飯にコチュジャンといろいろなナムルを混ぜる

단어　ナムル 나물 | できあがり 완성 | 小麦粉 こむぎこ 밀가루 | 生地 きじ 반죽 | ネギ 파 | 野菜 やさい 야채 | フライパン 프라이팬 | 焼く やく 굽다 | 薄切り うすぎりにする 얇게 썰다 | 牛肉 ぎゅうにく 소고기 | 醤油 しょうゆ 간장 | 砂糖 さとう 설탕 | 胡麻油 ごまあぶら 참기름 | タレ 양념소스 | 漬け込む つけこむ 담그다, 절이다 | ビビンバ 비빔밥 | コチュジャン 고추장 | 混ぜる まぜる 섞다, 혼합하다

11 料理　73

## FREE TALKING

다음 질문을 하고 상대방의 대답을 적어 보세요.

- どんな料理が好きですか。
- 簡単にすぐ作れる料理は何ですか。
- 外国人にお勧めの韓国料理は何ですか。

## LEVEL UP EXPRESSION

- あまりにも甘くて私の口には合いません。
  너무 달아서 제 입에는 안 맞습니다.

- この料理は食欲をそそります。
  이 요리는 식욕을 돋굽니다.

- おいしくてほっぺたが落ちそうです。
  너무 맛있어요.

# うきうき にほんご

## LESSON 12

학습목표
계절과 날씨에 관한 표현 익히기

## 季節と天気

주요문형 1　私は季節の中で春が一番好きです。

주요문형 2　さわやかなそよ風もきれいな桜の花も大好きです。

주요문형 3　私は春も好きですけど、秋が一番好きです。

주요문형 4　今週末までずっと雨が続くそうです。

주요문형 5　うっとうしい梅雨が始まりました。

# DIALOGUE 1

青木： 姜さんは季節の中で、どの季節が一番好きですか。

姜： 私は春が一番好きです。

青木： そうですか。
特に春が好きな理由は何ですか。

姜： そうですね。穏やかな春の天気が好きです。
またさわやかな春風も、きれいな桜の花も
大好きです。青木さんはどの季節が好きですか。

青木： 私は春も好きですけど、秋が一番好きです。

단어　季節 きせつ 계절 | 理由 りゆう 이유 | 穏 おだやかだ 따뜻하다 | さわやかだ 상쾌하다 | 春風 はるかぜ 봄바람

# EXERCISE 1

**mp3 65**

**1**

A: Bさんは季節の中で、どの季節が一番好きですか。
B: 私は春が一番好きです。
A: 特に春が一番好きな理由は何ですか。
B: 暖かい春の天気が好きです。

> 1. 春 / つつじ、れんぎょう、桜などの春の花
> 2. 夏 / 真夏の海を満喫できるバカンス
> 3. 秋 / 涼しくてさわやかな秋の天気
> 4. 冬 / ロマンチックな雪

**mp3 66**

**2**

A: Bさんは春が好きですか。
B: いいえ、あまり好きじゃありません。
A: えっ、どうしてですか。
B: 花粉症なので、ちょっと大変なんです。

> 1. 春 / 黄砂が来る
> 2. 夏 / 夏ばてをする
> 3. 秋 / 食欲が出て太る
> 4. 冬 / 寒がり屋だ

---

**단어**　つつじ 진달래 ｜ れんぎょう 개나리 ｜ 真夏まなつ 한여름 ｜ 満喫まんきつ 만끽 ｜ バカンス 바캉스 ｜ 花粉症かふんしょう 꽃가루 알레르기 ｜ 黄砂こうさ 황사 ｜ 夏なつばて 여름을 탐 ｜ 食欲しょくよく 식욕 ｜ 寒さむがり屋や 추위를 타는 사람

# DIALOGUE 2

mp3 67

青木: ああ、今日もまた雨ですね。
姜: 天気予報によると、
今週末までずっと雨が続くそうですよ。
青木: そうですか。もう梅雨ですね。
姜: ええ、うっとうしい梅雨が始まりましたね。
青木: じめじめする梅雨は、本当にいやですね。

단어　天気予報 てんきよほう 일기예보 | 今週末 こんしゅうまつ 이번 주말 | 続 つづく 계속되다 | 梅雨 つゆ 장마 | うっとうしい 우울하다 | じめじめする 눅눅하다

# EXERCISE 2

**mp3 68**

**1**

A: 今日は天気がいいですね。

B: ええ、暖かい日がさして気持ちいいですね。

> 1. すっきりと晴れる
> 2. さわやかな風が吹く
> 3. 青空が広がっている

**mp3 69**

**2**

A: 今日は天気が悪いですね。

B: ええ、どんよりと曇っていやですね。

> 1. むんむんと蒸し暑い
> 2. 冷え冷えと寒い
> 3. しとしとと長雨が続く

단어  日ひがさす 햇살이 비추다 | すっきり 말끔히 | 晴はれる 맑다, 개다 | 青空あおぞら 푸른 하늘 | 広ひろがる 펼쳐지다 | どんより と 어두침침하게 잔뜩 찌푸린 | 曇くもる 흐리다 | むんむんと 후덥지근하게 | 蒸むし暑あつい 무덥다 | 冷ひえ冷びえ 쌀쌀하게, 차 갑고 허전하게 | しとしと 부슬부슬 | 長雨ながあめ 장마

12 季節と天気 79

## FREE TALKING
다음 질문을 하고 상대방의 대답을 적어 보세요.

◆ 一番好きな季節は？

◆ どんな天気が好きですか。

◆ 天気によって気分がよく変りますか。

## LEVEL UP EXPRESSION

◆ 春雨がしとしと降っています。
봄비가 보슬보슬 내리고 있습니다.

◆ 雷がごろごろ鳴っています。
천둥이 우르르 쾅쾅 내리치고 있습니다.

◆ 熱帯夜のせいで、ぜんぜん眠れませんでした。
무더운 열대야 탓에 전혀 잠을 자지 못했습니다.

# うきうき にほんご

**LESSON 13**

학습목표
몸의 컨디션에 관한 표현 익히기

## 体の調子

주요문형 1 どこか具合が悪いですか。

주요문형 2 頭がずきずき痛いです。

주요문형 3 熱があってめまいがします。

주요문형 4 顔色が悪いですね。

주요문형 5 ぐっすり眠れなくて、疲れがとれません。

# DIALOGUE 1

部長： どうしましたか。
姜： 頭がずきずき痛いです。
部長： 熱はありますか。
姜： はい、少しあります。
部長： 今日は早く家に帰って、ゆっくりしたほうがいいですよ。
姜： 気を使ってくださって、ありがとうございます。
じゃ、今日はちょっと早く帰らせていただきます。

단어　ずきずき 지끈지끈 | 熱ねつがある 열이 있다 | ゆっくりする 푹 쉬다 | 気きを使つかう 신경을 쓰다 | ちょっと 조금

# EXERCISE 1

**mp3 71**

**1**

A: どこか具合が悪いですか。

B: 頭ががんがん痛いです。

1. 胃 / きりきり
2. 喉 / ひりひり
3. 腰 / ずきずき
4. 歯 / ずきんずきん

**mp3 72**

**2**

A: どうしましたか。

B: 熱があって、めまいがします。

1. 頭が重い / 体がだるい
2. 吐気がする / 気分が悪い
3. 喉が痛い / 咳が出る
4. 鼻水が出る / 寒気がする

단어  具合ぐあい 컨디션, 상태 | がんがん 띵, 지끈지끈 | 胃い 위 | きりきり 콕콕 쑤시는 모양 | 喉のど 목 | ひりひり 따끔따끔 | 腰こし 허리 | 歯は 이 | ずきんずきん 욱신욱신(마구 쑤시면서 아픈 모양) | めまいがする 현기증이 나다 | 吐気はきけがする 구토증이 나다 | 咳せきが出でる 기침이 나다 | 鼻水はなみず 콧물 | 寒気さむけがする 오한이 나다

13 体の調子 83

# DIALOGUE 2

mp3 73

部長: どうしましたか。顔色が悪いですよ。
姜: 近頃夜ぐっすり眠れなくて、全然疲れがとれません。
部長: それは大変ですね。食欲はどうですか。
姜: 食欲も全然ありません。少しでも食べたら、お腹がぐるぐる鳴って、下痢をします。また食べなかったら胃がきりきり痛みます。
部長: そうですか。早く病院に行ったほうがいいですよ。
姜: ええ、今日は仕事を早く終わらせて、病院に行ってみるつもりです。
部長: 無理しないで体に気をつけてください。

단어 | 顔色 かおいろ 안색 | 近頃 ちかごろ 요즘 | ぐっすり 푹 | 眠 ねむる 잠들다 | 疲 つかれがとれる 피로가 풀리다 | 食欲 しょくよく 식욕
| ぐるぐる鳴 なる 구룩구룩 소리가 나다, 울리다 | 下痢 げり 설사 | 無理 むりする 무리하다

# EXERCISE 2

**1** mp3 74

A: 早く退社してもいいでしょうか。

B: はい、早く家に帰ってゆっくりしてください。

1. 病院に行く / はい、病院に行って診察を受ける
2. お風呂に入る / はい、お風呂に入ってゆっくりする
3. タバコを吸う / いいえ、タバコは吸わない
4. お酒を飲む / いいえ、お酒は飲まない
5. 冷たいものを食べる / いいえ、冷たいものは食べない

**2** mp3 75

A: 病院に行かなくてもいいでしょうか。

B: いいえ、早く病院に行ったほうがいいですよ。

1. 薬を飲まない / 薬を飲む
2. 何も食べない / おかゆを少し食べる
3. 運動をしない / 軽い運動をする
4. 入院しない / 2〜3日入院する
5. 手術を受けない / 早く手術する

단어  診察しんさつを受うける 진찰을 받다 | お風呂ふろに入はいる 목욕하다 | タバコを吸すう 담배를 피우다 | 冷つめたい 차갑다 |
薬くすりを飲のむ 약을 먹다 | おかゆ 죽 | 軽かるい 가볍다 | 入院にゅういん 입원 | 手術しゅじゅつを受うける 수술을 받다

# FREE TALKING

상대방의 건강에 대해 물어보고 건강 상태에 맞게 상담을 해 보세요.

◆ 食事は規則的にしていますか。

◆ 毎日何時間ぐらい寝ますか。

◆ 食欲はありますか。

◆ タバコを吸いますか。

# LEVEL UP EXPRESSION

◆ 目に何か入ったようで、違和感を感じます。
눈에 뭔가 들어갔는지 찝찝합니다.

◆ 親知らずが生えて痛いです。
사랑니가 나서 아픕니다.

◆ アトピーで全身がかゆいです。
아토피로 전신이 가렵습니다.

# うきうき にほんご

**LESSON 14**

학습목표
길 안내 표현 익히기

## 道案内

주요문형 1　清渓川(チョンゲチョン)に行ったことがありますか。

주요문형 2　まだ行ったことがないです。

주요문형 3　どうやって行けばいいですか。

주요문형 4　この道をまっすぐ行くと、郵便局に出ます。

주요문형 5　歩いて行くと、20分以上かかると思いますよ。

# DIALOGUE 1

mp3 76

姜: 青木さんは清渓川に行ったことがありますか。

青木: いいえ、行ってみたいと思っていましたけど、まだ…。

姜: そうですか。
じゃ、私が今度の土曜日ご案内しますよ。

青木: 本当ですか！
清渓川にはどうやって行けばいいですか。

姜: そうですね。いろいろな行き方がありますからね。
一応鍾路で会って歩いて行きましょう。

青木: そうですか。じゃ、鍾路で会いましょう。

단어　案内あんない 안내 | どうやって 어떻게 | 行いき方かた 가는 방법 | 一応いちおう 일단 | 歩あるく 걷다

# EXERCISE 1

**1**

A: あの、すみません。
　　清渓川にはどうやって行けばいいですか。

B: 清渓川ですか。いろいろな行き方がありますけど、
　　鍾路3街から歩いて行ったほうがいいと思います。

A: そうですか。ありがとうございます。

1. 南山 / 忠武路駅
2. 明洞 / 乙支路3街駅
3. 東大門 / 東大門運動場駅
4. 南大門 / 会賢駅
5. 延世大学 / 新村駅

# DIALOGUE 2

mp3 78

A: すみません。世宗文化会館(セジョンぶんかかいかん)まで行(い)きたいんですが、道(みち)を教(おし)えてください。

B: この道(みち)をまっすぐ行(い)くと、郵便局(ゆうびんきょく)に出(で)ます。郵便局(ゆうびんきょく)のある大(おお)きい交差点(こうさてん)を右(みぎ)に曲(ま)がって行(い)くと、左側(ひだりがわ)に世宗文化会館(セジョンぶんかかいかん)があります。

A: ここから遠(とお)いですか。

B: そうですね。歩(ある)いて行(い)くにはちょっと遠(とお)いかもしれません。

A: 歩(ある)いて何分(なんぷん)ぐらいかかりますか。

B: 歩(ある)いて行(い)くと20分以上(ぷんいじょう)かかると思(おも)いますよ。

단어　道みちを教おしえる 길을 알려주다 | まっすぐ 곧장, 똑바로 | 交差点こうさてん 교차로, 사거리 | 右みぎに曲まがる 오른쪽으로 꺾다 | 左側ひだりがわ 좌측 | ～かもしれない ～일지도 모른다 | 何分なんぷん 몇 분

# EXERCISE 2

**mp3 79**

**1**

A: すみません。この近くに郵便局がありますか。

B: はい、ありますよ。この道をまっすぐ行くと銀行に出ます。郵便局はその銀行の向い側にあります。

A: そうですか。ありがとうございます。

1. 図書館 / 公園 / 公園のそば
2. 電話局 / 交差点 / 向こう側
3. 交番 / 信号 / 信号のすぐ前
4. 病院 / 坂 / 坂の右側
5. 書店 / 突き当たり / 突き当たりの左側

**mp3 80**

**2**

A: すみません。世宗文化会館まで行きたいんですが、ここから遠いですか。

B: そうですね。歩いて行くにはちょっと遠いかもしれません。

A: そうですか。歩いて何分ぐらいかかりますか。

B: 歩いて行くと、20分以上かかると思いますよ。

1. 景福宮 / 歩いて行くにはちょっと無理 / 歩いて行くと、30分以上かかる
2. 東大門市場 / 歩いて行くにはやや遠い / 歩いて行くと、20分以上かかる
3. ソウルタワー / タクシーで行くとそんなに遠くない / タクシーで15分ぐらい

---

**단어**  向むかい側がわ 맞은편 | 電話局でんわきょく 전화국 | 向むこう側がわ 건너편 | 交番こうばん 파출소 | 信号しんごう 신호 | 坂さか 경사길, 언덕 | 書店しょてん 서점 | 突つき当あたり 막다른 곳 | やや 다소, 약간 | そんなに 그렇게

## FREE TALKING

다음 질문을 하고 상대방의 대답을 적어 보세요.

- 家から会社まで、どうやって行きますか。
- 家から会社まで、時間はどのくらいかかりますか。
- 外国人に道を教えてあげたことがありますか。

## LEVEL UP EXPRESSION

- どうやって行くのが一番便利ですか。
  어떻게 가는 것이 가장 편리합니까?
- この道で間違いないですか。
  이 길이 틀림없습니까?
- 最寄りの駅はどこですか。
  가장 가까운 역은 어디입니까?

うきうき にほんご

## LESSON 15

학습목표
전화 통화 표현 익히기

# 電話

주요문형1 どちら様ですか。

주요문형2 あいにく留守ですが、急なご用ですか。

주요문형3 のちほどまたお電話いたしますとお伝えください。

주요문형4 鈴木はただ今席を外しておりますが…。

주요문형5 伝言をお願いできますでしょうか。

# DIALOGUE 1

mp3 81

姜: もしもし。三木先生のお宅ですか。

男: はい、そうです。どちら様ですか。

姜: 私は姜裕美と申しますが、三木先生はいらっしゃいますか。

男: あいにく留守ですが、急なご用ですか。

姜: あ、いいえ、違います。では、恐れ入りますが、先生がお帰りになりましたら、のちほど、またこちらからお電話いたしますとお伝えください。

男: はい、かしこまりました。

**단어** どちら様さま 어느 분(누구) | あいにく 공교롭게 | 留守るす 부재중 | 急きゅうなご用よう 급한 용건, 급한 볼일 | 恐おそれ入いりますが 죄송합니다만 | のちほど 나중, 추후

# EXERCISE 1

**1**

A: 青木は今留守ですが、急なご用ですか。

B: いいえ、違います。では、恐れ入りますが、
6時頃またこちらからお電話いたしますとお伝えください。

1. また後でお電話する
2. 1時間後またかけなおす
3. お電話いただきたい
4. ご連絡をお待ちしている

단어　かけなおす (전화를) 다시 걸다 ｜ 連絡れんらく 연락

# DIALOGUE 2

mp3 83

女: はい、東京商事です。

崔: もしもし。私はソウル物産の崔と申しますが、営業部の鈴木さんいらっしゃいますか。

女: 鈴木はただ今席を外しておりますが…。

崔: そうですか。では、申し訳ありませんが、伝言をお願いできますでしょうか。

女: はい、どうぞ。

崔: 明日までに見積書を送ってくださるよう、お伝えください。

女: はい、かしこまりました。

**단어** 営業部えいぎょうぶ 영업부 | ただ今いま 지금 현재 | 席せきを外はずす 자리를 비우다 | 申もうし訳わけありません 죄송합니다 | 伝言でんごん 전언, 전갈 | 見積書みつもりしょ 견적서 | 送おくる 보내다

# EXERCISE 2

**1**

A: もしもし。営業部の鈴木さんいらっしゃいますか。
B: 鈴木はただ今席を外しておりますが…。

1. 総務部の中村さん / 外出する
2. 人事課の高島さん / 会議をする
3. 管理部の田中さん / 出張中だ
4. 会計課の水谷さん / 休暇中だ

**2**

A: 明日までに見積書を送ってくださるようお伝えください。
B: はい、かしこまりました。

1. お帰りになり次第、お電話くださる
2. 計画書をご提出くださる
3. 弊社にご訪問くださる

단어　総務部そうむぶ 총무부 | 外出がいしゅつ 외출 | 人事課じんじか 인사과 | 会議かいぎ 회의 | 管理部かんりぶ 관리부 | 出張しゅっちょう 출장 | 会計課かいけいか 회계과 | 休暇きゅうか 휴가 | ~次第しだい ~(하는) 대로 즉시 | 計画書けいかくしょ 계획서 | 提出ていしゅつ 제출 | 弊社へいしゃ 폐사

# FREE TALKING

다음 질문을 하고 상대방의 대답을 적어 보세요.

- 外国人に電話をしたことがありますか。
- 間違い電話やいたずら電話のエピソードがありますか。

# LEVEL UP EXPRESSION

- 電話が遠くてよく聞こえません。
  전화가 멀어서 잘 들리지 않습니다.

- 番号は合っていますが、そのような者はこちらにはおりません。
  번호는 맞습니만, 그런 사람은 여기에 없습니다.

- 失礼ですが、何番におかけになりましたか。おかけ間違いのようですが。
  실례합니다만 몇 번으로 거셨습니까? 잘못 거신 것 같은데요.

うきうき にほんご

**LESSON 16**

학습목표
방문과 초대에 필요한 표현 익히기

## 訪問

주요문형 1 どうぞお上がりください。

주요문형 2 遠慮なくいただきます。

주요문형 3 どうぞおかまいなく。

주요문형 4 ご招待してくださって本当にありがとうございました。

주요문형 5 何のおかまいもできませんで…。

# DIALOGUE 1

mp3 86

姜: ごめんください。青木さん、こんばんは。

青木: 姜さん、ようこそ。お待ちしていました。
どうぞお上がりください。

姜: おじゃまします。
これ、つまらないものですが、どうぞ。
韓国の伝統茶です。

青木: ご丁寧にありがとうございます。
じゃ、遠慮なくいただきます。
お茶でもお持ちいたしますから、
中の方でお楽になさっていてください。

姜: どうぞ、おかまいなく。

**단어** ごめんください 실례합니다 | ようこそ 환영합니다, 잘 오셨습니다 | 上がる 들어오다 | おじゃまします 실례하겠습니다 | つまらない 보잘것 없다 | 伝統茶でんとうちゃ 전통차 | ご丁寧ていねいに 정중히 | 遠慮えんりょなく 사양하지 않고 | 楽らくに 편히 | おかまいなく 신경쓰지 마시고

## EXERCISE 1

**1**

A: どうぞお上がりください。

B: ありがとうございます。

1. 入る
2. 座る
3. かける
4. 召し上がる

단어　かける 앉다 | 召めし上あがる 드시다

# 단계별로 실력을 키워가는
# NEW うきうき 일본어
## 초급회화

**Pocketbook**

# LESSON 01 DIALOGUE 1

🎧 mp3 01

姜: はじめまして。姜裕美と申します。

　　どうぞよろしくお願いします。

青木: はじめまして。青木です。こちらこそよろしくお願いします。

姜: 青木さんのお住まいはどちらですか。

青木: 新村です。交通も便利だし、賑やかで楽しい所です。

　　姜さんはどこに住んでいますか。

姜: 私は三成洞に住んでいます。

---

회화에 자신감을 주는
## 회화 플러스 단어  취미활동 1

**読書** 독서

**旅行** 여행

**料理** 요리

**釣り** 낚시

**刺繍** 자수

**山登り** 등산

**登山** 등산

**編み物** 뜨개질

**工芸** 공예

**切手収集** 우표 수집

**生け花** 꽃꽂이

**書道** 서예

**写真** 사진

**折り紙** 종이접기

**手品** 마술

# EXERCISE 1

🎧 mp3 02

## 1

A: 失礼ですが、お名前は？
B: 私は姜裕美です。

1 私は이현우です。
2 私は김민지です。
3 私は유세희です。
4 私は鈴木太郎です。
5 私は山田秀男です。
6 私は田中花子です。

🎧 mp3 03

## 2

A: お名前は何とおっしゃいますか。
B: 私は姜裕美と申します。

1 私は최동건と申します。
2 私は박재원と申します。
3 私は김수지と申します。
4 私は佐藤健治と申します。
5 私は高島利香と申します。
6 私は中村明子と申します。

🎧 mp3 04

## 3

A: どこに住んでいますか。
B: 三成洞に住んでいます。

1 新宿に住んでいます。
2 渋谷に住んでいます。
3 原宿に住んでいます。
4 新沙洞に住んでいます。
5 狎鴎亭に住んでいます。
6 彌阿洞に住んでいます。

# DIALOGUE 2

🎧 mp3 05

姜: 青木さんの趣味は何ですか。

青木: 私の趣味ですか。料理と旅行です。
　　　また韓国のドラマを見るのも好きです。
　　　姜さんの趣味は？

姜: 私はドライブとショッピングが好きです。
　　また日本文化とファッションにも興味があります。

---

회화에 자신감을 주는
## 회화 플러스 단어 취미활동 2

| | |
|---|---|
| ビリヤード 당구 | ピアノ 피아노 |
| ボーリング 볼링 | バイオリン 바이올린 |
| ピンポン 탁구 | ドライブ 드라이브 |
| スキー 스키 | ゲーム 게임 |
| スノーボード 스노보드 | インターネット 인터넷 |
| ゴルフ 골프 | ショッピング 쇼핑 |
| ギター 기타 | ダンス 댄스 |

# EXERCISE 2

🎧 mp3 06

**1**
A: 趣味は何ですか。
B: 映画と旅行です。

1 ゲームとショッピングです。
2 釣りと山登りです。
3 読書と生け花です。
4 ドライブと料理です。
5 ゴルフとスキーです。

🎧 mp3 07

**2**
A: 趣味は何ですか。
B: 料理を作るのが好きです。

1 音楽を聴くのが好きです。
2 絵を描くのが好きです。
3 囲碁を打つのが好きです。
4 山に登るのが好きです。
5 ギターを弾くのが好きです。
6 サッカーを見るのが好きです。
7 マンガを読むのが好きです。

# LESSON 02 DIALOGUE 1

🎧 mp3 08

青木: 姜さんのご家族は何人ですか。
姜: 5人です。
　　 父と母と兄二人と私です。
青木: 失礼ですが、お父さんのお仕事は何ですか。
姜: 父は銀行員で、ソウル銀行に勤めています。

---

회화에 자신감을 주는
## 회화 플러스 단어  직업

| | | |
|---|---|---|
| 教師 교사 | 銀行員 은행원 | 作家 작가 |
| 教授 교수 | デザイナー 디자이너 | 看護婦 간호사 |
| 医者 의사 | スチュワーデス 스튜어디스 | 運転手 운전수 |
| 講師 강사 | 弁護士 변호사 | 警察官 경찰관 |
| 公務員 공무원 | 営業マン 영업맨 | 美容師 미용사 |
| 主婦 주부 | ビジネスマン 비즈니스맨 | カメラマン 카메라맨 |
| 会社員 회사원 | 店員 점원 | 外交官 외교관 |

# EXERCISE 1

🎧 mp3 09

**1**

A: 何人家族ですか。

B: 3人家族です。父と母と私です。

1 4人家族です。父と母と兄と私です。
2 5人家族です。父と母と姉と弟と私です。
3 6人家族です。祖母と両親と兄と妹と私です。

🎧 mp3 10

**2**

A: お父さんのお仕事は何ですか。

B: 父は銀行員です。

1 お母さんのお仕事は何ですか。/
母は主婦です。
2 お兄さんのお仕事は何ですか。/
兄は会社員です。
3 お姉さんのお仕事は何ですか。/
姉はデザイナーです。
4 弟さんのお仕事は何ですか。/
弟は公務員です。
5 妹さんのお仕事は何ですか。/
妹は大学生です。

# DIALOGUE 2

🎧 mp3 11

青木: お父さんはどんな方ですか。
姜: 父は真面目で厳しい人です。
青木: お母さんも厳しい方ですか。
姜: いいえ、母は明るくて優しいです。
青木: じゃ、裕美(ユミ)さんはお父さんに似ていますか。
お母さんに似ていますか。
姜: そうですね。顔は父に似ていますけど、
明るくて活発な性格は母に似ています。

---

회화에 자신감을 주는
## 회화 플러스 단어  성격

| | | |
|---|---|---|
| 無口だ 무뚝뚝하다 | 怠け者だ 게으름뱅이다 | 頑固だ 완고하다 |
| 優しい 상냥하다 | 生意気だ 건방지다 | 怒りっぽい 신경질적이다 |
| 気さくだ 싹싹하다 | 厳しい 엄격하다 | 消極的だ 소극적이다 |
| 真面目だ 성실하다 | 活発だ 활발하다 | 積極的だ 적극적이다 |
| 短気だ 성급하다 | そそっかしい 덜렁대다 | 頼もしい 믿음직하다 |
| おとなしい 얌전하다 | 社交的だ 사교적이다 | 注意深い 주의 깊다 |
| 几帳面だ 꼼꼼하다 | 穏やかだ 온화하다 | おてんば 말괄량이 |
| 明るい 명랑하다 | 礼儀正しい 예의 바르다 | おしゃべり 수다쟁이 |

# EXERCISE 2

🎧 mp3 12

**1**
A: お父さんはどんな方ですか。
B: 父は無口で几帳面な人です。

1 お母さんはどんな方ですか。/
  母は気さくで朗らかな人です。
2 お兄さんはどんな方ですか。/
  兄は積極的で頼もしい人です。
3 お姉さんはどんな方ですか。/
  姉はおとなしくて穏やかな人です。
4 弟さんはどんな方ですか。/
  弟は活発で社交的な人です。
5 妹さんはどんな方ですか。/
  妹はおしゃべりで明るい人です。

🎧 mp3 13

**2**
A: 裕美さんは誰に似ていますか。
B: 顔は父に似ています。

1 お兄さんは誰に似ていますか。/
  目は父に似ています。
2 お姉さんは誰に似ていますか。/
  口は母に似ています。
3 弟さんは誰に似ていますか。/
  鼻は祖母に似ています。
4 妹さんは誰に似ていますか。/
  後ろ姿は母に似ています。

# LESSON 03 DIALOGUE 1

🎧 mp3 14

青木: 姜さんは親しい友達が多いほうですか。

姜: ええ、社交的な性格だから、あっちこっちに友達がいます。

青木: じゃ、友達の中で一番仲のいい人は誰ですか。

姜: 金閔智さんです。小学校の時から付き合っている幼なじみで、どんな悩みごとでも話し合える親友です。

青木: そうですか。彼女はどんな感じの人ですか。

姜: えーっと、一見お嬢さんタイプ？
ちょっとやせ形で長いストレートの髪をして…。

青木: そうですか。一度会ってみたいですね。

---

### 회화에 자신감을 주는
## 회화 플러스 단어  외모 1

| | |
|---|---|
| やせている 마르다, 야위다 | 髪が長い 머리가 길다 |
| 太っている 살찌다 | 髪が短い 머리가 짧다 |
| ほっそりしている 날씬하다 | パーマをかけている 파마를 하다 |
| スタイルがいい 스타일이 좋다 | ストレート 스트레이트 |
| マナーがいい 매너가 좋다 | 背が高い 키가 크다 |
| マナーが悪い 매너가 나쁘다 | 背が低い 키가 작다 |

# EXERCISE 1

🎧 mp3 15

**1**
A: 友達の中で一番仲のいい人は誰ですか。
B: 金閔智さんです。

1 이현우さんです。
2 김수지さんです。
3 유세희さんです。
4 鈴木太郎さんです。
5 山田秀男さんです。
6 田中花子さんです。

🎧 mp3 16

**2**
A: どんな感じの人ですか。
B: やせ形で髪の長い、お嬢さんタイプの人です。

1 小太りで背が低い、パーマをかけているおばさんタイプの人です。
2 スリムで背が高い、おしゃれなモデルタイプの人です。
3 太っていて背が低い、はげているおじさんタイプの人です。
4 がっしりしていて背が高い、短い髪のスポーツマンタイプの人です。

# DIALOGUE 2　　　　　　　　　　　　🎧mp3 17

青木： 姜さんの親友の性格は？　どんな性格の友達ですか。

姜： 思いやりのある優しい人です。
朗らかで温かい人だから、いつもいっしょにいたいですよ。

青木： 彼女の好きなタイプは？　彼氏はいますか。

姜： それが…。まだいません。
男らしくて、真面目で、スマートで、
クールな人がいれば紹介してください。

青木： なるほど。理想が高いのが問題ですね。

---

회화에 자신감을 주는
**회화 플러스 단어**　외모 2

ハンサムだ 잘생기다

スマートだ 스마트하다

クールだ 쿨하다

かっこいい 멋있다

素敵だ 멋지다

きれいだ 예쁘다

美しい 아름답다

かわいい 귀엽다

スリムだ 날씬하다

セクシーだ 섹시하다

美人 미인

ボーイッシュだ 보이시하다

上品だ 고상하다, 품위가 있다

魅力的だ 매력적이다

おしゃれだ 멋쟁이다

リッチだ 부유하다

貧乏だ 가난하다

# EXERCISE 2

🎧 mp3 18

**1**

A: 姜さんはどんな人ですか。

B: 思いやりのある優しい人です。

1 木村さんはどんな人ですか。/
  朗らかで温かい人です。
2 金さんはどんな人ですか。/
  おおらかで男らしい人です。
3 お姉さんはどんな人ですか。/
  おとなしくて真面目な人です。

🎧 mp3 19

**2**

A: どんなタイプの人が好きですか。

B: 男らしくて、真面目で、クールな人が好きです。

1 礼儀正しくておおらかで、ロマンチックな人が好きです。
2 スリムできれいで、おとなしい人が好きです。
3 かわいくてボーイッシュで、明るい人が好きです。
4 積極的でセクシーで、魅力的な人が好きです。

# LESSON 04 DIALOGUE 1

🎧 mp3 20

吉田: 崔さんは普通何時に起きますか。

崔: 私は普通6時に起きます。

吉田: わあ〜、6時に起きるんですか。早起きですね。
朝早く起きてから何をしますか。

崔: 家の前の公園に行って軽い運動をします。

吉田: ええっ！ 早起きに運動まで！ すごいですね。
じゃ、毎日朝ごはんを食べますか。

崔: 朝ごはんは食べるときもありますけど、普通は食べません。

---

### 회화에 자신감을 주는
## 회화 플러스 단어  하루 일과 1

| | |
|---|---|
| スケジュール 스케줄 | 家を出る 집을 나서다 |
| 起きる 일어나다 | 家に帰る 집에 돌아가다 |
| 顔を洗う 세수하다 | 着く 도착하다 |
| 散歩する 산책하다 | 時間がかかる 시간이 걸리다 |
| 運動する 운동하다 | 仕事を始める 일을 시작하다 |
| スポーツセンター 스포츠 센터 | 業務が終わる 업무가 끝나다 |
| 出勤する 출근하다 | アフターファイブ 애프터 화이브(퇴근 후) |

# EXERCISE 1

🎧 mp3 21

**1**

A: Bさんは普通朝何時に起きますか。

B: 普通6時に起きます。

A: 朝起きて何をしますか。

B: 軽い運動をしてシャワーを浴びます。

1 普通5時に起きます。/
 スポーツセンターに行って水泳をします。
2 普通6時半に起きます。/
 シャワーを浴びて朝ごはんを食べます。
3 普通7時に起きます。/
 コーヒーを飲んで新聞を読みます。
4 普通8時に起きます。/
 顔を洗ってニュースを聞きます。

🎧 mp3 22

**2**

A: 毎日朝ごはんを食べますか。

B: 食べるときもありますけど、普通は食べません。

1 朝の運動をしますか。/ するときもありますけど、普通はしません。
2 週末にデートをしますか。/ しないときもありますけど、普通はします。
3 日本語の勉強をしますか。/ しないときもありますけど、普通はします。
4 お風呂に入りますか。/ 入らないときもありますけど、普通は入ります。
5 貯金をしますか。/ しないときもありますけど、普通はします。

# DIALOGUE 2

🎧 mp3 23

吉田: 崔さんは普通何時に家を出ますか。
崔: 7時半頃には家を出ます。
吉田: 家から会社までどのくらい時間がかかりますか。
崔: そうですね。地下鉄で40分ぐらいかかりますけど、歩く時間もあるので余裕をもって出ます。
吉田: 地下鉄の中では何をしますか。
崔: 英会話や日本語の勉強をしたり、音楽を聴いたりします。

---

회화에 자신감을 주는
## 회화 플러스 단어 [하루 일과 2]

掃除をする 청소를 하다
洗濯をする 세탁을 하다
学院に通う 학원에 다니다
残業をする 야근을 하다
(お)風呂に入る 목욕을 하다
のんびりする 푹 쉬다

早起き 일찍 일어남, 일찍 일어나는 사람
早寝 일찍 잠, 일찍 자는 사람
ラッシュアワー 러시아워
マイカー通勤 자동차 출퇴근
帰宅 귀가

# EXERCISE 2

🎧 mp3 24

**1**

A: 普通何時に家を出ますか。

B: 7時半頃に家を出ます。

A: 家から会社まで、どのくらい時間がかかりますか。

B: そうですね。地下鉄で40分ぐらいかかります。

1 普通何時に会社に着きますか。／8時半頃に会社に着きます。／
駅から会社まで、どのくらい時間がかかりますか。／
歩いて10分ぐらいかかります。
2 普通何時に会社を出ますか。／6時頃に会社を出ます。／
会社から日本語学校まで、どのくらい時間がかかりますか。／
バスで20分ぐらいかかります。
3 普通何時に家に帰りますか。／10時頃に家に帰ります。／
日本語学校から家まで、どのくらい時間がかかりますか。／
地下鉄で1時間ぐらいかかります。

🎧 mp3 25

**2**

A: 通勤電車の中で何をしますか。

B: 日本語の勉強をしたり、音楽を聴いたりします。

1 公園で何をしますか。／散歩したり、運動したりします。
2 スポーツセンターで何をしますか。／水泳をしたり、ヨガをしたりします。
3 日本語の授業で何をしますか。／文法を覚えたり、会話の練習をしたりします。
4 会議で何をしますか。／研究資料を発表したり、新しい計画を立てたりします。

# LESSON 05 DIALOGUE 1

🎧 mp3 26

崔: 今度の週末、暇ですか。
吉田: ええ、何かありますか。
崔: 映画の試写会のチケットが手に入ったので。
　　 よかったら、いっしょに行きませんか。
吉田: 試写会！ じゃ、映画に出ている俳優にも会えるんですか。
崔: ええ、監督や映画に出演した俳優にも会えると思います。
吉田: わあ、夢みたい。
崔: 今週の土曜日12時に、COEXで会いましょうか。
　　 試写会は4時からだから、先に会ってお昼でも食べましょう。

---

회화에 자신감을 주는
## 회화 플러스 단어 　데이트 1

| | | |
|---|---|---|
| デートコース 데이트 코스 | コンサート 콘서트 | 図書館 도서관 |
| ミュージカル 뮤지컬 | ギャラリー 갤러리 | 遊園地 유원지 |
| ジャズカフェ 재즈 카페 | 市内ツアー 시내 투어 | 水族館 수족관 |
| アーケード 아케이드 | 免税店 면세점 | 展示会 전시회 |
| スナックバー 스낵 바 | 映画館 영화관 | 演奏会 연주회 |
| ファッションショー 패션쇼 | 試写会 시사회 | 独奏会 독주회 |
| コーヒーショップ 커피숍 | 博物館 박물관 | 発表会 발표회 |
| ショッピングセンター 쇼핑 센터 | 美術館 미술관 | 演劇 연극 |

# EXERCISE 1

🎧 mp3 27

**1**

A: 試写会にいっしょに行きませんか。
B: 試写会? いいですね。いつどこで会いましょうか。
A: 今週の土曜日12時に、COEXで会いましょう。

1 映画にいっしょに行きませんか。/ 映画? /
   明日の午後6時に、江南駅で会いましょう。

2 コンサートにいっしょに行きませんか。/ コンサート? /
   今週の土曜日5時に、COEXで会いましょう。

3 ミュージカルにいっしょに行きませんか。/ ミュージカル? /
   来週の水曜日6時半に、文化会館で会いましょう。

4 ファッションショーにいっしょに行きませんか。/ ファッションショー? /
   来週の金曜日3時に、三成駅で会いましょう。

5 ドライブにいっしょに行きませんか。/ ドライブ?
   明後日の朝9時に、家の前で会いましょう。

🎧 mp3 28

**2**

A: 今日のお昼は何にしましょうか。
B: 久しぶりにお寿司はどうですか。
A: いいですね。じゃ、今日のお昼はお寿司にしましょう。

1 夕食は何にしましょうか。/ 久しぶりにステーキはどうですか。/
   じゃ、夕食はステーキにしましょう。

2 明日の朝食は何にしましょうか。/ 久しぶりにご飯と味噌汁はどうですか。/
   じゃ、明日の朝食はご飯と味噌汁にしましょう。

3 今日のメニューは何にしましょうか。/ 久しぶりに冷麺はどうですか。/
   じゃ、今日のメニューは冷麺にしましょう。

# DIALOGUE 2

🎧 mp3 29

崔: 試写会はどうでしたか。

吉田: 本当に感動的でした。
何よりも憧れのヨン様に会えて今でも夢みたいです。

崔: そうですか。吉田さんに気に入ってもらえて嬉しいです。
家に帰るにはまだ早いですから、
ワールドランドにでも行きましょうか。

吉田: いいですね。ここからあまり遠くないし、
見る所や食べる所がいっぱいありますから。

崔: じゃ、決まり！ ワールドランドで夕食をすることにしましょう。

---

회화에 자신감을 주는
## 회화 플러스 단어  데이트 2

| | | |
|---|---|---|
| キャンプ 캠프 | 国際映画祭 국제 영화제 | 旧跡 유적 |
| リゾート 리조트 | 開会式 개회식 | 遠足 소풍 |
| ドライブ 드라이브 | 閉会式 폐회식 | 花見 벚꽃놀이 |
| 海辺 바닷가 | 競技場 경기장 | 紅葉狩り 단풍놀이 |
| 温泉 온천 | 花火 불꽃놀이 | 森 숲 |
| 植物園 식물원 | 名所 명소 | 湖 호수 |
| 動物園 동물원 | 教会 교회 | 丘 언덕 |
| 学園祭 학교 축제 | 寺院 사원 | |

# EXERCISE 2

🎧 mp3 30

**1**
A: 試写会はどうでしたか。
B: 本当に感動的でした。

1 街の雰囲気はどうでしたか。/ 本当に賑やかでした。
2 ファッションショーはどうでしたか。/ 本当に華やかでした。
3 デートはどうでしたか。/ 本当に楽しかったです。
4 旅行はどうでしたか。/ 本当に面白かったです。
5 映画はどうでしたか。/ 本当につまらなかったです。

🎧 mp3 31

**2**
A: ワールドランドに行きましょうか。
B: いいですね。
A: じゃ、ワールドランドで夕食をすることにしましょう。

1 東大門に行きましょうか。/
じゃ、東大門でショッピングをすることにしましょう。
2 温泉に行きましょうか。/
じゃ、温泉でゆっくりすることにしましょう。
3 図書館に行きましょうか。/
じゃ、図書館で勉強をすることにしましょう。
4 海辺に行きましょうか。/
じゃ、海辺で刺身を食べることにしましょう。
5 南山タワーに行きましょうか。/
じゃ、南山タワーで夜景を見ることにしましょう。

## LESSON 06 DIALOGUE 1

店員: いらっしゃいませ。

崔: すみません。
あのグレーのスカート、ちょっと見せてください。

店員: はい、どうぞ。

崔: これはいくらですか。

店員: 4万ウォンです。

崔: ちょっと高いですね。少し負けてください。

店員: それはちょっと…。じゃ、この青いスカートはどうですか。
素材もいいし、値段も安くなっています。

崔: そうですか。じゃ、それはいくらですか。

店員: これは3万ウォンです。

崔: じゃ、それにします。

店員: はい、かしこまりました。ありがとうございます。

# EXERCISE 1

🎧 mp3 33

**1**
A: この赤いワンピースはいくらですか。
B: 5万ウォンです。
A: 高いですね。少し負けて、4万5千ウォンにしてください。

1 この白いブラウスはいくらですか。/ 4万7千ウォンです。/
   少し負けて、4万5千ウォンにしてください。

2 このピンクのズボンはいくらですか。/ 3万2千ウォンです。/
   少し負けて、3万ウォンにしてください。

3 この青いシャツはいくらですか。/ 1万8千ウォンです。/
   少し負けて、1万5千ウォンにしてください。

4 このグリーンのジャケットはいくらですか。/ 9万9千ウォンです。/
   少し負けて、9万6千ウォンにしてください。

5 このベージュのトレンチコートはいくらですか。/ 12万5千ウォンです。/
   少し負けて、11万5千ウォンにしてください。

6 このオレンジのパンプスはいくらですか。/ 8万3千ウォンです。/
   少し負けて、8万ウォンにしてください。

# DIALOGUE 2

🎧 mp3 34

店員： いらっしゃいませ。

崔： すみません。りんごは1ついくらですか。

店員： りんごは1つ2500ウォンです。

崔： じゃ、梨(なし)はいくらですか。

店員： 大(おお)きいのは1つ5000ウォンで、小(ちい)さいのは1つ2000ウォンです。

崔： じゃ、大(おお)きいの3つください。

店員： はい、15000ウォンになります。

---

회화에 자신감을 주는
## 회화 플러스 단어  색깔

| | | |
|---|---|---|
| 赤(あか) 빨강 | ピンク 핑크 | イエロー 옐로우 |
| 青(あお) 파랑 | オレンジ 오렌지 | ホワイト 화이트 |
| 緑(みどり) 녹색 | ブルー 블루 | グリーン 그린 |
| 白(しろ) 하양 | グレー 그레이 | ゴールド 골드 |
| 黒(くろ) 검정 | ブラウン 브라운 | シルバー 실버 |
| 紫(むらさき) 보라 | ベージュ 베이지 | ミント 민트 |
| 黄色(きいろ) 노랑 | カーキ 카키 | 濃(こ)い 짙다 |
| 金色(きんいろ) 금색 | ネイビー 네이비 | 薄(うす)い 엷다 |
| 銀色(ぎんいろ) 은색 | ブラック 블랙 | |

# EXERCISE 2

🎧 mp3 35

**1**

A: すみません。たこ焼きはいくらですか。
B: 8つで2000ウォンです。

1 トマトはいくらですか。/ 5つで6000ウォンです。
2 焼き芋はいくらですか。/ 3つで2000ウォンです。
3 おにぎりはいくらですか。/ 2つで1500ウォンです。
4 あんパンはいくらですか。/ 4つで2500ウォンです。
5 餃子はいくらですか。/ 6つで3000ウォンです。

🎧 mp3 36

**2**

A: すみません。梨はいくらですか。
B: 大きいのは1つ5千ウォンで、小さいのは1つ2千ウォンです。
A: じゃ、大きいの3つください。
B: はい、1万5千ウォンになります。

1 りんごはいくらですか。/
  大きいのは1つ2500ウォンで、小さいのは1つ1500ウォンです。/
  じゃ、小さいの5つください。/はい、7500ウォンになります。
2 キウイはいくらですか。/
  大きいのは1つ800ウォンで、小さいのは1つ600ウォンです。/
  じゃ、大きいの5つください。/はい、4千ウォンになります。
3 いちごはいくらですか。/大きいのは100グラム1980ウォンで、
  小さいのは100グラム1560ウォンです。/
  じゃ、大きいの300グラムください。/はい、5940ウォンになります。

# LESSON 07 DIALOGUE 1

🎧 mp3 37

吉田: 崔さん、お誕生日はいつですか。

崔: 12月24日です。

吉田: えっ、12月24日！

じゃ、クリスマスイブがお誕生日なんですか。

崔: はい、そうです。それでみんなよく覚えてくれます。
吉田さんのお誕生日はいつですか。

吉田: 私の誕生日ですか。7月31日です。

崔: そうですか。7月生まれですね。
失礼ですけど、吉田さんは何年生まれですか。

吉田: 1979年生まれです。未年です。

崔: そうですか。じゃ、私の妹と同い年ですね。

---

### 회화에 자신감을 주는
## 회화 플러스 단어 　12간지

| | |
|---|---|
| ねずみ年 쥐띠 | うま年 말띠 |
| うし年 소띠 | ひつじ年 양띠 |
| とら年 호랑이띠 | さる年 원숭이띠 |
| うさぎ年 토끼띠 | とり年 닭띠 |
| たつ年 용띠 | いぬ年 개띠 |
| へび年 뱀띠 | いのしし年 돼지띠 |

# EXERCISE 1

🎧 mp3 38

**1**

A: お誕生日はいつですか。

B: 12月24日です。

1 3月27日です。
2 5月8日です。
3 9月12日です。
4 10月31日です。

🎧 mp3 39

**2**

A: 失礼ですが、何年生まれですか。

B: 1977年生まれで、巳年です。

1 1976年生まれで、辰年です。
2 1987年生まれで、卯年です。
3 1984年生まれで、子年です。
4 1969年生まれで、酉年です。

# DIALOGUE 2

🎧 mp3 40

崔: 今までにもらった誕生日プレゼントの中で、何が一番嬉しかったですか。

吉田: そうですね。高校１年生の時、両親にケータイを買ってもらったんですが、本当に嬉しかったです。

崔: そうですか。この頃は小学生でもケータイを持っている子がいますけど、一昔前はあまりケータイを持っている人がいませんでしたからね。

吉田: もう一つ記憶に残っている思い出のプレゼントは、彼氏からもらった１００輪のバラの花と香水。20歳の誕生日のプレゼントにもらいました。

---

회화에 자신감을 주는
## 회화 플러스 단어  생일 선물

| | | |
|---|---|---|
| プレゼント 선물 | ネックレス 목걸이 | スタンド 스탠드 |
| 化粧品 화장품 | 指輪 반지 | 電子レンジ 전자레인지 |
| スカーフ 스카프 | ピアス 피어스 | デジカメ 디지털카메라 |
| 日傘 양산 | ノートブック 노트북 | 炊飯器 전기밥통 |
| 財布 지갑 | オーブン 오븐 | 冷蔵庫 냉장고 |
| 宝石 보석 | 電気剃刀 전기면도기 | トースター 토스터 |
| アクセサリー 액세서리 | 電子辞書 전자사전 | |

# EXERCISE 2

🎧 mp3 41

**1**

A: 誕生日プレゼントに何をもらいましたか。
B: 友達に本をもらいました。

1 誕生日プレゼントに何をもらいましたか。/ 兄に財布をもらいました。
2 入学祝いのプレゼントに何をもらいましたか。/ 姉に電子辞書をもらいました。
3 卒業祝いのプレゼントに何をもらいましたか。/ 両親にスーツをもらいました。
4 入社祝いのプレゼントに何をもらいましたか。/ 恋人にネクタイをもらいました。
5 結婚記念のプレゼントに何をもらいましたか。/
夫にネックレスをもらいました。
6 引越し祝いのプレゼントに何をもらいましたか。/
同僚にスタンドをもらいました。

🎧 mp3 42

**2**

A: 誕生日の日に、友達は何をしてくれましたか。
B: パーティーをしてくれました。

1 誕生日の日に、家族は何をしてくれましたか。
おいしい料理を作ってくれました。
2 誕生日の日に、恋人は何をしてくれましたか。
コンサートに誘ってくれました。
3 誕生日の日に、友達は何をしてくれましたか。
歌を歌ってくれました。
4 誕生日の日に、同僚は何をしてくれましたか。
写真を撮ってくれました。

# LESSON 08 DIALOGUE 1

🎧 mp3 43

青木: 幼いときの夢は何でしたか。
大きくなったら何になりたかったですか。

姜: そうですね。はじめは漫画家になりたかったのですが、
そのあと小説家、医者、大学教授など、
次々と夢が変わりました。

青木: じゃ、今の将来の夢は何ですか。

姜: 今は立派な建築家になりたいです。

---

회화에 자신감을 주는
## 회화 플러스 단어 전공

法学 법학
経営学 경영학
経済学 경제학
社会学 사회학
政治学 정치학
外交学 외교학
放送学 방송학
生命工学 생명공학

建築学 건축학
教育学 교육학
心理学 심리학
哲学 철학
神学 신학
医学 의학
物理学 물리학
薬学 약학

体育学 체육학
理工学 이공학
機械工学 기계공학
材料工学 재료공학
コンピューター工学 컴퓨터공학
英文学 영문학
仏文学 불문학

# EXERCISE 1

🎧 mp3 44

A: 幼いときの夢は何でしたか。
B: 私は漫画家になりたかったです。

1 私は大統領になりたかったです。
2 私は警察官になりたかったです。
3 私は消防士になりたかったです。
4 私はスチュワーデスになりたかったです。
5 私はパイロットになりたかったです。
6 私は外交官になりたかったです。
7 私は芸能人になりたかったです。

🎧 mp3 45

A: 今も幼いときの夢と同じ夢を持っていますか。
B: いいえ、はじめは漫画家になりたかったのですが、次々と夢が変わって、今は建築家になりたいです。

1 いいえ、はじめは大統領になりたかったのですが、次々と夢が変わって、今は公務員になりたいです。
2 いいえ、はじめは警察官になりたかったのですが、次々と夢が変わって、今は会計士になりたいです。
3 いいえ、はじめは消防士になりたかったのですが、次々と夢が変わって、今は銀行員になりたいです。
4 いいえ、はじめはスチュワーデスになりたかったのですが、次々と夢が変わって、今はアナウンサーになりたいです。
5 いいえ、はじめはパイロットになりたかったのですが、次々と夢が変わって、今は写真作家になりたいです。
6 いいえ、はじめは外交官になりたかったのですが、次々と夢が変わって、今は教師になりたいです。
7 いいえ、はじめは芸能人になりたかったのですが、次々と夢が変わって、今は美容師になりたいです。

# DIALOGUE 2

🎧 mp3 46

青木: 姜さんは将来どんなことをしてみたいですか。

姜: 私の将来の夢ですか。私は建築家になって、人々の役に立つ立派な建物をいっぱい建てたいです。

青木: ああ、それで大学で建築を専攻なさったんですね。

姜: はい、そうです。機会があれば、日本へ留学に行って、もっと専門的な勉強をしてきたいと思っています。

青木: そうですか。本当に素敵な夢ですね。頑張ってください。きっと夢が叶うと思いますよ。

---

회화에 자신감을 주는
## 회화 플러스 단어 음악

| | |
|---|---|
| クラシック 클래식 | アニメソング 만화 주제가 |
| ジャズ 재즈 | ラップ 랩 |
| ダンスミュージック 댄스 뮤직 | ヒップホップ 힙합 |
| ロック 록 | ブルース 블루스 |
| J-POP 일본 가요 | ゴスペル 가스펠 |
| カントリー 컨츄리 | ボーカル 보컬 |
| テクノ 테크노 | サンバ 삼바 |
| フォーク 포크 | 演歌 트로트 |
| シャンソン 샹송 | 映画音楽 영화 음악 |

# EXERCISE 2

🎧 mp3 47

**1**

A: 将来どんなことをしてみたいですか。
B: 私の将来の夢ですか。私は建築家になって、人々の役に立つ立派な建物をいっぱい建てたいです。

1 私は科学者になって、研究をしてみたいです。
2 私は大学教授になって、学生たちを育成したいです。
3 私は外交官になって、外交関係を築きたいです。
4 私は芸術家になって、作品を作りたいです。

| | |
|---|---|
| アーティスト 아티스트 | ピアノ 피아노 |
| サウンド 사운드 | バイオリン 바이올린 |
| メロディー 멜로디 | チェロ 첼로 |
| ヒット曲 히트곡 | ビオラ 비올라 |
| アルバム 앨범 | ベース 베이스 |
| 作曲 작곡 | アコーディオン 아코디언 |
| 歌詞 가사 | ハーモニカ 하모니카 |
| 楽譜 악보 | オルガン 오르겐 |
| 楽器 악기 | ドラム 드럼 |

# LESSON 09 DIALOGUE 1

青木: 姜さん、今度の連休に何をしますか。
姜: 私は日本に旅行に行きます。
青木: わあー、いいですね。
で、日本のどこに行くんですか。
姜: まず別府の温泉に行って、
そのあと阿蘇山にも行ってみるつもりです。
青木: うらやましいですね。
今度機会があればいっしょに行きましょう。

## 회화에 자신감을 주는
## 회화 플러스 단어 여행 1

パックツアー 패키지 투어
パック旅行 패키지 여행
自由旅行 자유여행
新婚旅行 신혼여행
修学旅行 수학여행
卒業旅行 졸업여행
家族旅行 가족여행
観光旅行 관광여행

国内旅行 국내여행
海外旅行 해외여행
鉄道の旅 철도 여행
船の旅 배 여행
飛行機旅行 비행기 여행
一人旅 혼자 하는 여행
ヒッチハイク 히치하이크
ハネムーン 허니문

世界一周 세계일주
クルーズ 크루즈
行き先 행선지
交通手段 교통수단
片道 편도
往復 왕복
レンタカー 렌터카
高速バス 고속버스

# EXERCISE 1

🎧 mp3 49

**1**

A: 日本に行ったことがありますか。

B: はい、去年旅行に行ってきました。

1 はい、先月出張に行ってきました。
2 はい、半年前研修に行ってきました。
3 はい、1年前留学に行ってきました。
4 はい、この前観光に行ってきました。

🎧 mp3 50

**2**

A: 今度の連休に何をしますか。

B: 私は日本に旅行に行きます。

A: わあー、うらやましいですね。で、日本のどこに行くんですか。

B: 別府の温泉に行ってくるつもりです。

1 東京の新宿、銀座などの繁華街に行ってくるつもりです。
2 北海道の雪祭りに行ってくるつもりです。
3 大阪のユニバーサルスタジオに行ってくるつもりです。
4 長崎のハウステンボスに行ってくるつもりです。
5 箱根の温泉に行ってくるつもりです。

# DIALOGUE 2

🎧 mp3 51

青木: 姜さんは日本に行ったことがありますか。

姜: はい、この前旅行に行ってきました。
福岡から東京まで一周しました。

青木: じゃ、新幹線で回ったのですか。

姜: はい、そうです。

青木: 旅行はどうでしたか。

姜: 本当に楽しかったです。ただ、パッケージ旅行で、
十分な時間がなかったのが残念でした。
今度また機会があれば、
自由旅行でゆっくりと行ってきたいです。

---

회화에 자신감을 주는
## 회화 플러스 단어 여행 2

旅先 여행지

宿泊施設 숙박 시설

観光ホテル 관광 호텔

ユースホステル 유스호스텔

ペンション 펜션

温泉リゾート 온천 리조트

旅館 여관

民泊 민박

朝日 아침 해

夕日 석양

夜景 야경

予約 예약

予算 예산

経費 경비

出国 출국

入国 입국

手続き 수속

パスポート 여권

ビザ 비자

ガイドブック 가이드북

航空券 항공권

空港 공항

必需品 필수품

地図 지도

# EXERCISE 2

🎧 mp3 52

A: 旅行はどうでしたか。

B: とても楽しかったです。
でも、パック旅行で、自由時間があまりなかったのが残念でした。

1 とても印象的だったです。
   でも、日本語が上手に話せなかったのが残念でした。
2 とても面白かったです。
   でも、物価が高くてプレゼントをいっぱい買えなかったのが残念でした。
3 とても楽しかったです。
   でも、宿泊先が狭くて不便だったのが残念でした。
4 とても面白かったです。
   でも、友達がいっしょに行けなかったのが残念でした。

🎧 mp3 53

A: 機会があれば、またどこに行ってみたいですか。

B: そうですね。
今度機会があれば、家族といっしょにヨーロッパに行ってみたいです。

1 今度機会があれば、友達といっしょにヒッチハイク旅行に行ってみたいです。
2 今度機会があれば、恋人といっしょにオーストラリアに行ってみたいです。
3 今度機会があれば、家族といっしょにハワイに行ってみたいです。
4 今度機会があれば、家内といっしょにスイスに行ってみたいです。
5 今度機会があれば、両親といっしょに箱根の温泉リゾートに行ってみたいです。

# LESSON 10 DIALOGUE 1

青木: 日本の映画を見たことがありますか。

姜: ええ、もちろんです。
日本映画にはまっています。

青木: じゃ、一番印象的だった日本映画は何ですか。

姜: 岩井俊二監督の「ラブレター」が一番印象的でした。

青木: そうですか。
私も岩井俊二監督の映画はとても好きです。
映画のジャンルでは何が好きですか。

姜: いろんなジャンルの映画が好きですけど、
特にロマンティックコメディーが好きです。

---

## 회화에 자신감을 주는
### 회화 플러스 단어 영화 1

原作 원작

主人公 주인공

助演 조연

ストーリー 스토리

エピソード 에피소드

映像 영상

字幕 자막

封切り 개봉

感動 감동

制作 제작

エンターテイメント 엔터테인먼트

照明 조명

技術 기술

作品 작품

# EXERCISE 1

🎧 mp3 55

**1**

A: 特に印象的だった映画は何ですか。

B: 岩井俊二監督の「ラブレター」が印象的でした。

1 「猟奇的な彼女」が印象的でした。
2 「私の頭の中の消しゴム」が印象的でした。
3 「君は僕の運命」が印象的でした。
4 「マラソン」が印象的でした。
5 「ブラザーフッド」が印象的でした。

🎧 mp3 56

**2**

A: 好きな映画のジャンルは何ですか。

B: ロマンティックコメディーが好きです。

1 ファンタジー映画が好きです。
2 アクション映画が好きです。
3 サスペンス映画が好きです。
4 アニメーションが好きです。
5 ホラー映画が好きです。
6 戦争映画が好きです。

# DIALOGUE 2

🎧 mp3 57

姜: 青木さんはどんな音楽が好きですか。

青木: 私はジャズが好きです。

姜: そうですか。じゃ、今度ジャズカフェに行きましょうか。
大学路に有名なジャズカフェがありますよ。

青木: へえ〜、そうですか！ ぜひ行ってみたいです。
姜さんもジャズが好きですか。

姜: ええ、映画のサウンドトラックをはじめ、

ジャズ、クラシック、J−POPなど、

ほとんどのジャンルの音楽が好きです。

---

회화에 자신감을 주는
## 회화 플러스 단어 영화 2

ジャンル 장르

ファンタジー映画 판타지 영화

アクション映画 액션 영화

サスペンス映画 서스펜스 영화

アニメーション 애니메이션

ホラー映画 호러 영화

戦争映画 전쟁 영화

恋愛映画 연애 영화

青春映画 청춘 영화

歴史映画 역사 영화

ファミリー映画 가족 영화

ミュージカル映画 뮤지컬 영화

ロードムービー 로드무비

カルト 컬트

# EXERCISE 2

🎧 mp3 58

**1**
A: どんな音楽が好きですか。
B: ジャズが好きです。

1 クラシックが好きです。
2 ロックが好きです。
3 J-POPが好きです。
4 演歌が好きです。
5 フォークやシャンソンが好きです。
6 アニメソングや映画音楽が好きです。

---

コメディー 코미디

メロドラマ 멜로 드라마

映画祭 영화제

映画監督 영화감독

俳優 배우

女優 여배우

脚本 각본

撮影 촬영

プロデューサー 프로듀서

プロダクション 프로덕션

スタジオ 스튜디오

# LESSON 11 DIALOGUE 1

🎧 mp3 59

姜： 青木さんは料理が好きですか。

青木： ええ、大好きです。
料理なら作るのも食べるのも、どちらも好きです。

姜： そうですか。じゃ、料理の中で、何が一番得意ですか。

青木： そうですね。すき焼きやしゃぶしゃぶなどの、
日本料理が一番自信があります。
作りやすいし、おいしいし…。

姜： わあー、すごいですね。
私、しゃぶしゃぶが大好きなんですけど、
簡単に作れるんですか。今度教えてください。

青木： いいですよ。一度家に遊びに来てください。

---

회화에 자신감을 주는
## 회화 플러스 단어  맛

辛い 맵다

甘い 달다

しょっぱい 짜다

塩辛い 짜다

酸っぱい 시다

渋い 떫다

苦い 쓰다

香ばしい 향기롭다

あぶらっこい 기름지다

あっさり 담백

さっぱり 산뜻

# EXERCISE 2

🎧 mp3 **60**

**1**
A: 料理の中で、どんな料理が好きですか。
B: 和食が好きです。
A: そうですか。和食は私も大好きです。
B: 和食の中では、何が一番好きですか。
A: 和食はほとんど好きですが、お寿司が一番好きです。

1 韓国料理が好きです。/
韓国料理は私も大好きです。/
韓国料理の中では、何が一番好きですか。/
韓国料理はほとんど好きですが、キムチチゲが一番好きです。

2 中華料理が好きです。/
中華料理は私も大好きです。/
中華料理の中では、何が一番好きですか。/
中華料理はほとんど好きですが、春巻きが一番好きです。

3 イタリア料理が好きです。/
イタリア料理は私も大好きです。/
イタリア料理の中では、何が一番好きですか。/
イタリア料理はほとんど好きですが、パスタが一番好きです。

4 日本料理が好きです。/
日本料理は私も大好きです。/
日本料理の中では、何が一番好きですか。/
日本料理はほとんど好きですが、すき焼きが一番好きです。

# DIALOGUE 2　　　🎧mp3 61

青木: 裕美さんは料理が好きですか。

姜: 料理ですか。食べるのは好きですが、作るのはあまり…。

青木: そうですか。韓国にいる間に、

キムチやキムチチゲの作り方を覚えたくて…。

姜: 私、キムチは作れませんが、

キムチチゲなら作れますよ。

青木: じゃ、おいしいキムチチゲの作り方を教えてください。

姜: キムチチゲはキムチがあれば誰でも作れますよ。

キムチを切ってお鍋に入れて、適当に水を入れて煮たらいいです。

超簡単！

---

### 회화에 자신감을 주는
## 회화 플러스 단어　음식

焼き肉 불고기

焼き飯 / チャーハン
볶음밥

焼きそば 야키소바

そうめん 소면

どんぶり 덮밥

牛丼 소고기 덮밥

お好み焼き
오코노미야키(일본식 부침개)

餃子 만두

てんぷら 튀김

おでん 오뎅

味噌汁 된장국

牛肉 소고기

豚肉 돼지고기

鶏肉 닭고기

うなぎ 장어

のりまき 김밥

おにぎり 주먹밥

おかず 반찬

のり 김

梅干し 매실장아찌

納豆 낫토

魚 생선

## EXERCISE 2

🎧 mp3 62

**1**

A: キムチは作れませんが、キムチチゲなら作れますよ。

1 スパゲッティは作れませんが、ラーメンなら作れますよ。
2 ナムルは作れませんが、サラダなら作れますよ。
3 寿司は作れませんが、おにぎりなら作れますよ。
4 ピザは作れませんが、チヂミなら作れますよ。

🎧 mp3 63

**2**

A: キムチチゲの作り方を教えてください。
B: キムチを切って、お鍋にキムチと水を入れて、煮たらできあがりです。

1 チヂミの作り方を教えてください。／
小麦粉の生地にネギ、キムチ、いろいろな野菜を入れてフライパンで焼いたら、できあがりです。
2 プルコギの作り方を教えてください。／
薄切りにした牛肉に醤油、砂糖、胡麻油などを入れて作ったタレに漬け込んで焼いたら、できあがりです。
3 ビビンバの作り方を教えてください。／
ご飯にコチュジャンといろいろなナムルを混ぜたら、できあがりです。

# LESSON 12 DIALOGUE 1

🎧 mp3 64

青木： 姜さんは季節の中で、どの季節が一番好きですか。

姜： 私は春が一番好きです。

青木： そうですか。特に春が好きな理由は何ですか。

姜： そうですね。穏やかな春の天気が好きです。
またさわやかな春風も、きれいな桜の花も大好きです。
青木さんはどの季節が好きですか。

青木： 私は春も好きですけど、秋が一番好きです。

---

회화에 자신감을 주는
## 회화 플러스 단어  나무와 꽃

| | | |
|---|---|---|
| つつじ 진달래 | ゆり 백합 | さくら 벚꽃 |
| れんぎょう 개나리 | ばら 장미 | もみじ 단풍 |
| チューリップ 튤립 | きく 국화 | いちょう 은행 |
| ひまわり 해바라기 | たんぽぽ 민들레 | 松 소나무 |

# EXERCISE 1

🎧 mp3 65

**1**
A: Bさんは季節の中で、どの季節が一番好きですか。
B: 私は春が一番好きです。
A: 特に春が一番好きな理由は何ですか。
B: 暖かい春の天気が好きです。

1 私は春が一番好きです。/ 特に春が一番好きな理由は何ですか。/
つつじ、れんぎょう、桜などの春の花が好きです。
2 私は夏が一番好きです。/ 特に夏が一番好きな理由は何ですか。/
真夏の海を満喫できるバカンスが好きです。
3 私は秋が一番好きです。/ 特に秋が一番好きな理由は何ですか。/
涼しくてさわやかな秋の天気が好きです。
4 私は冬が一番好きです。/ 特に冬が一番好きな理由は何ですか。/
ロマンチックな雪が好きです。

🎧 mp3 66

**2**
A: Bさんは春が好きですか。
B: いいえ、あまり好きじゃありません。
A: えっ、どうしてですか。
B: 花粉症なので、ちょっと大変なんです。

1 Bさんは春が好きですか。/ 黄砂が来るので、ちょっと大変なんです。
2 Bさんは夏が好きですか。/ 夏ばてをするので、ちょっと大変なんです。
3 Bさんは秋が好きですか。/ 食欲が出て太るので、ちょっと大変なんです。
4 Bさんは冬が好きですか。/ 寒がり屋なので、ちょっと大変なんです。

# DIALOGUE 2

🎧 mp3 67

青木: ああ、今日もまた雨ですね。

姜: 天気予報によると、今週末までずっと雨が続くそうですよ。

青木: そうですか。もう梅雨ですね。

姜: ええ、うっとうしい梅雨が始まりましたね。

青木: じめじめする梅雨は、本当にいやですね。

---

회화에 자신감을 주는
## 회화 플러스 단어 　날씨

| | | |
|---|---|---|
| 四季 사계 | どしゃ降り 폭우 | 嵐 폭풍 |
| 季節 계절 | 豪雨 호우 | 綿雪 함박눈 |
| 天気 날씨 | 春雨 봄비 | 吹雪 눈보라 |
| 天気予報 일기예보 | 秋雨 가을비 | みぞれ 진눈깨비 |
| 真夏 한여름 | 梅雨 장마 | 雷 천둥 |
| 真冬 한겨울 | 霧雨 안개비 | 虹 무지개 |
| 熱帯夜 열대야 | にわか雨 소나기 | 晴れる 개다, 맑다 |
| 大雨 큰비 | 霧 안개 | 曇る 흐리다 |
| 小雨 가랑비 | 黄砂 황사 | 青空 푸른하늘 |
| 洪水 홍수 | 台風 태풍 | 夜空 밤하늘 |

## EXERCISE 2

🎧 mp3 68

**1**
A: 今日は天気がいいですね。
B: ええ、暖かい日がさして気持ちいいですね。

1 ええ、すっきりと晴れて気持ちいいですね。
2 ええ、さわやかな風が吹いて気持ちいいですね。
3 ええ、青空が広がっていて気持ちいいですね。

🎧 mp3 69

**2**
A: 今日は天気が悪いですね。
B: ええ、どんよりと曇っていやですね。

1 ええ、むんむんと蒸し暑くていやですね。
2 ええ、冷え冷えと寒くていやですね。
3 ええ、しとしとと長雨が続いていやですね。

# LESSON 13 DIALOGUE 1

部長: どうしましたか。

姜: 頭がずきずき痛いです。

部長: 熱はありますか。

姜: はい、少しあります。

部長: 今日は早く家に帰って、ゆっくりしたほうがいいですよ。

姜: 気を使ってくださって、ありがとうございます。

じゃ、今日はちょっと早く帰らせていただきます。

---

회화에 자신감을 주는
## 회화 플러스 단어 질병

| | | |
|---|---|---|
| 頭痛 두통 | 腎臓病 신장병 | 寒気 오한 |
| 腰痛 요통 | 心臓病 심장병 | 顔色 안색 |
| 腹痛 복통 | 痔 치질 | 疲れ 피로 |
| 下痢 설사 | 耳鳴り 귀울림 | 食欲 식욕 |
| 骨折 골절 | 捻挫 염좌 | 熱が上がる 열이 오르다 |
| 糖尿 당뇨 | 虫歯 충치 | 熱が下がる 열이 내리다 |
| 成人病 성인병 | 結核 결핵 | めまいがする 현기증이 나다 |
| 癌 암 | 視力 시력 | 体がだるい 몸이 나른하다 |
| 体温 체온 | 吐気 구토 | 体に気をつける 몸조심하다 |
| 血圧 혈압 | 咳 기침 | 診察を受ける 진찰을 받다 |
| 肝炎 간염 | 鼻水 콧물 | 総合診断 종합진단 |

## EXERCISE 1

🎧 mp3 71

**1**

A: どこか具合が悪いですか。
B: 頭ががんがん痛いです。

1 胃がきりきり痛いです。
2 喉がひりひり痛いです。
3 腰がずきずき痛いです。
4 歯がずきんずきん痛いです。

🎧 mp3 72

**2**

A: どうしましたか。
B: 熱があって、めまいがします。

1 頭が重くて、体がだるいです。
2 吐気がして、気分が悪いです。
3 喉が痛くて、咳が出ます。
4 鼻水が出て、寒気がします。

# DIALOGUE 2

🎧 mp3 73

部長: どうしましたか。顔色が悪いですよ。
姜: 近頃夜ぐっすり眠れなくて、全然疲れがとれません。
部長: それは大変ですね。食欲はどうですか。
姜: 食欲も全然ありません。少しでも食べたら、
お腹がぐるぐる鳴って、下痢をします。
また食べなかったら胃がきりきり痛みます。
部長: そうですか。早く病院に行ったほうがいいですよ。
姜: ええ、今日は仕事を早く終わらせて、
病院に行ってみるつもりです。
部長: 無理しないで体に気をつけてください。

---

회화에 자신감을 주는
## 회화 플러스 단어 　병원

**内科** 내과
**外科** 외과
**眼科** 안과
**歯科** 치과
**耳鼻咽喉科** 이비인후과

**神経外科** 신경외과
**小児科** 소아과
**泌尿器科** 비뇨기과
**皮膚科** 피부과
**産婦人科** 산부인과

**整形外科** 정형외과
**成形外科** 성형외과
**放射線科** 방사선과
**麻酔科** 마취과

# EXERCISE 2

🎧 mp3 **74**

**1**

A: 早く退社してもいいでしょうか。
B: はい、早く家に帰ってゆっくりしてください。

1 病院に行ってもいいでしょうか。/
  はい、病院に行って診察を受けてください。
2 お風呂に入ってもいいでしょうか。/
  はい、お風呂に入ってゆっくりしてください。
3 タバコを吸ってもいいでしょうか。/いいえ、タバコは吸わないでください。
4 お酒を飲んでもいいでしょうか。/いいえ、お酒は飲まないでください。
5 冷たいものを食べてもいいでしょうか。/
  いいえ、冷たいものは食べないでください。

🎧 mp3 **75**

A: 病院に行かなくてもいいでしょうか。
B: いいえ、早く病院に行ったほうがいいですよ。

1 薬を飲まなくてもいいでしょうか。/
  いいえ、薬を飲んだほうがいいですよ。
2 何も食べなくてもいいでしょうか。/
  いいえ、おかゆを少し食べたほうがいいですよ。
3 運動をしなくてもいいでしょうか。/
  いいえ、軽い運動をしたほうがいいですよ。
4 入院しなくてもいいでしょうか。/
  いいえ、2~3日入院したほうがいいですよ。
5 手術を受けなくてもいいでしょうか。/
  いいえ、早く手術したほうがいいですよ。

# LESSON 14 DIALOGUE 1

姜: 青木さんは清渓川に行ったことがありますか。

青木: いいえ、行ってみたいと思っていましたけど、まだ…。

姜: そうですか。じゃ、私が今度の土曜日ご案内しますよ。

青木: 本当ですか！ 清渓川にはどうやって行けばいいですか。

姜: そうですね。いろいろな行き方がありますからね。
一応鍾路で会って歩いて行きましょう。

青木: そうですか。じゃ、鍾路で会いましょう。

---

회화에 자신감을 주는
## 회화 플러스 단어 길찾기 1

| | | |
|---|---|---|
| 交差点 교차로 | 細道 좁은 길 | 行き方 가는 방법 |
| 三叉路 삼거리 | 丘 언덕 | 近道 지름길 |
| 歩道橋 육교 | 角 모퉁이 | 迷う 헤매다 |
| 信号 신호 | 路地 골목길 | 真っ直ぐ行く 곧장 가다 |
| 歩道 보도 | 橋 다리 | 登る 오르다 |
| 横断歩道 횡단보도 | 右側 우측 | 下りる 내려오다 |
| 行き止まり 막다른 길 | 左側 좌측 | 降りる 내리다 |
| 突き当たり 막다른 곳 | 右に曲がる 우측으로 꺾다 | 通る 지나가다 |
| 坂道 경사길 | 左に曲がる 좌측으로 꺾다 | 渡る 건너다 |
| 大通り 큰길 | 目的地 목적지 | 乗り換える 갈아타다 |

## EXERCISE 1

🎧 mp3 **77**

**1**

A: あの、すみません。
清渓川(チョンゲチョン)にはどうやって行けばいいですか。

B: 清渓川(チョンゲチョン)ですか。いろいろな行き方がありますけど、
鍾路(チョンノ)3街(ガ)から歩いて行ったほうがいいと思います。

A: そうですか。ありがとうございます。

1 南山(ナムサン)にはどうやって行けばいいですか。/
南山(ナムサン)ですか。いろいろな行き方がありますけど、
忠武路駅(チュンムロえき)から歩いて行ったほうがいいと思います。

2 明洞(ミョンドン)にはどうやって行けばいいですか。/
明洞(ミョンドン)ですか。いろいろな行き方がありますけど、
乙支路(ウルチロ)3街駅(ガえき)から歩いて行ったほうがいいと思います。

3 東大門(トンデムン)にはどうやって行けばいいですか。/
東大門(トンデムン)ですか。いろいろな行き方がありますけど、
東大門運動場駅(トンデムンうんどうじょうえき)から歩いて行ったほうがいいと思います。

4 南大門(ナムデムン)にはどうやって行けばいいですか。/
南大門(ナムデムン)ですか。いろいろな行き方がありますけど、
会賢駅(フェヒョンえき)から歩いて行ったほうがいいと思います。

5 延世大学(ヨンセだいがく)にはどうやって行けばいいですか。/
延世大学(ヨンセだいがく)ですか。いろいろな行き方がありますけど、
新村駅(シンチョンえき)から歩いて行ったほうがいいと思います。

# DIALOGUE 2

🎧 mp3 78

A: すみません。世宗文化会館まで行きたいんですが、
道を教えてください。

B: この道をまっすぐ行くと、郵便局に出ます。
郵便局のある大きい交差点を右に曲がって行くと、
左側に世宗文化会館があります。

A: ここから遠いですか。

B: そうですね。歩いて行くにはちょっと遠いかもしれません。

A: 歩いて何分ぐらいかかりますか。

B: 歩いて行くと20分以上かかると思いますよ。

---

회화에 자신감을 주는
## 회화 플러스 단어  길찾기 2

| | | |
|---|---|---|
| 郵便局 우체국 | 文房具屋 문방구점 | お菓子屋 과자 가게 |
| 電話局 전화국 | 八百屋 야채 과게 | 市役所 시청 |
| 薬局 약국 | 薬屋 약국 | 区役所 구청 |
| 交番 파출소 | パン屋 빵집 | 警察署 경찰서 |
| 銀行 은행 | 写真屋 사진관 | 駐車場 주차장 |
| 床屋 이발소 | 肉屋 고기집 | 運動場 운동장 |
| 美容院 미용실 | 魚屋 생선가게 | バス停 버스 정류장 |
| 病院 병원 | 家具屋 가구점 | |

# EXERCISE 2

🎧 mp3 79

**1**

A: すみません。この近くに郵便局がありますか。

B: はい、ありますよ。この道をまっすぐ行くと銀行に出ます。郵便局はその銀行の向い側にあります。

A: そうですか。ありがとうございます。

1 この近くに図書館がありますか。/
この道をまっすぐ行くと公園に出ます。図書館はその公園のそばにあります。

2 この近くに電話局がありますか。/ この道をまっすぐ行くと交差点に出ます。
電話局はその交差点の向こう側にあります。

3 この近くに交番がありますか。/
この道をまっすぐ行くと信号に出ます。交番はその信号のすぐ前にあります。

4 この近くに病院がありますか。/
この道をまっすぐ行くと坂に出ます。病院はその坂の右側にあります。

5 この近くに書店がありますか。/ この道をまっすぐ行くと突き当たりに出ます。
書店はその突き当たりの左側にあります。

🎧 mp3 80

**2**

A: すみません。世宗文化会館まで行きたいんですが、ここから遠いですか。

B: そうですね。歩いて行くにはちょっと遠いかもしれません。

A: そうですか。歩いて何分ぐらいかかりますか。

A: 歩いて行くと、20分以上かかると思いますよ。

1 景福宮まで行きたいんですが、ここから遠いですか。/
歩いて行くにはちょっと無理かもしれません。/ 歩いて何分ぐらいかかりますか。
/ 歩いて行くと、30分以上かかると思いますよ。

2 東大門市場まで行きたいんですが、ここから遠いですか。/
歩いて行くにはやや遠いかもしれません。/ 歩いて何分ぐらいかかりますか。/
歩いて行くと、20分以上かかると思いますよ。

3 ソウルタワーまで行きたいんですが、ここから遠いですか。/ タクシーで行くと、
そんなに遠くないかもしれません。/ タクシーで何分ぐらいかかりますか。/
タクシーで15分ぐらいかかると思いますよ。

# LESSON 15 DIALOGUE 1

🎧 mp3 81

姜: もしもし。三木先生のお宅ですか。

男: はい、そうです。どちら様ですか。

姜: 私は姜裕美と申しますが、三木先生はいらっしゃいますか。

男: あいにく留守ですが、急なご用ですか。

姜: あ、いいえ、違います。

では、恐れ入りますが、先生がお帰りになられましたら、

のちほど、またこちらからお電話いたしますとお伝えください。

男: はい、かしこまりました。

---

회화에 자신감을 주는
## 회화 플러스 단어 　전화통화 1

| | | |
|---|---|---|
| 連絡先 연락처 | 留守 부재 | 休暇中 휴가 중 |
| 電話番号 전화번호 | 話し中 / 電話中 이야기 중, 통화 중 | 電話をかける 전화를 걸다 |
| 間違い電話 잘못 건 전화 | | 電話を受ける 전화를 받다 |
| 伝言 메모, 전언 | 外出中 외출 중 | 電話に出る 전화를 받다 |
| 用件 용건 | 出張中 출장 중 | 電話を切る 전화를 끊다 |
| 混線 혼선 | 会議中 회의 중 | かけ直す 다시 걸다 |

# EXERCISE 1

🎧 mp3 **82**

**1**
A: 青木は今留守ですが、急なご用ですか。
B: いいえ、違います。
では、恐れ入りますが、
6時頃またこちらからお電話いたしますとお伝えください。

1 では、恐れ入りますが、
またあとでお電話するとお伝えください。

2 では、恐れ入りますが、
1時間後またかけなおすとお伝えください。

3 では、恐れ入りますが、
お電話いただきたいとお伝えください。

4 では、恐れ入りますが、
ご連絡をお待ちしているとお伝えください。

# DIALOGUE 2

🎧 mp3 83

女: はい、東京商事です。

崔: もしもし。私はソウル物産の崔と申しますが、営業部の鈴木さんいらっしゃいますか。

女: 鈴木はただ今席を外しておりますが…。

崔: そうですか。では、申し訳ありませんが、伝言をお願いできますでしょうか。

女: はい、どうぞ。

崔: 明日までに見積書を送ってくださるよう、お伝えください。

女: はい、かしこまりました。

---

회화에 자신감을 주는
## 회화 플러스 단어 전화통화 2

おつなぎ致します。 연결해 드리겠습니다.
切らずにお待ちください。 끊지 말고 기다려 주십시오.
お電話代わりました。 전화 바꿨습니다.
内線○○番お願いします。 내선 ○○번 부탁드립니다.
お伝え致します。 전해 드리겠습니다.
お急ぎですか。 급하십니까?
ただいま席を外しております。 지금 자리에 없습니다.
こちらからお電話致しましょうか。 이쪽에서 전화드릴까요?
何のご用ですか。 무슨 용건이십니까?
先ほど電話した者です。 방금 전 전화드린 사람입니다.

# EXERCISE 2

🎧 mp3 84

**1**
A: もしもし。営業部の鈴木さんいらっしゃいますか。
B: 鈴木はただ今席を外しておりますが…。

1 もしもし。総務部の中村さんいらっしゃいますか。/
  中村はただ今外出しておりますが…。
2 もしもし。人事課の高島さんいらっしゃいますか。/
  高島はただ今会議をしておりますが…。
3 もしもし。管理部の田中さんいらっしゃいますか。/
  田中はただ今出張中ですが…。
4 もしもし。会計課の水谷さんいらっしゃいますか。/
  水谷はただ今休暇中ですが…。

🎧 mp3 85

**2**
A: 明日までに見積書を送ってくださるようお伝えください。
B: はい、かしこまりました。

1 お帰りになり次第、お電話くださるようお伝えください。
2 計画書をご提出くださるようお伝えください。
3 弊社にご訪問くださるようお伝えください。

## LESSON 16 DIALOGUE 1

🎧 mp3 86

姜: ごめんください。青木さん、こんばんは。

青木: 姜さん、ようこそ。お待ちしていました。

どうぞお上がりください。

姜: おじゃまします。これ、つまらないものですが、どうぞ。

韓国の伝統茶です。

青木: ご丁寧にありがとうございます。じゃ、遠慮なくいただきます。

お茶でもお持ちいたしますから、中の方でお楽になさっていて

ください。

姜: どうぞ、おかまいなく。

## EXERCISE 1

🎧 mp3 87

**1**

A: どうぞお上がりください。

B: ありがとうございます。

1 どうぞお入りください。
2 どうぞお座りください。
3 どうぞおかけください。
4 どうぞお召し上がりください。

# DIALOGUE 2

🎧 mp3 88

姜: 今日はご招待してくださって、本当にありがとうございました。

青木: 何のおかまいもできませんで…。

姜: とんでもありません。おかげさまで本当に楽しかったです。今度お暇な時、ぜひ家にも遊びに来てください。

青木: ありがとうございます。喜んでお伺いします。

## EXERCISE 2

🎧 mp3 89

A: 今日はご招待してくださって、誠にありがとうございます。

B: いいえ、どういたしまして。
おかげさまで、こちらこそ楽しかったです。

1 今日はご案内してくださって、誠にありがとうございます。
2 今日はいらっしゃってくださって、誠にありがとうございます。
3 今日は誘ってくださって、誠にありがとうございます。

회화에 자신감을 주는
## 회화 플러스 단어 전화통화 3

ごめんください。 계십니까?

ようこそいらっしゃいました。 잘 오셨습니다.

どうぞ、お上がりください。 올라오세요. / 들어오세요.

どうぞ、楽にしてください。 편히 앉으세요.

どうぞ、ごゆっくり。 천천히 놀다 가세요.

むさ苦しいところですが。 누추한 곳입니다만.

粗末なものですが。 / つまらないものですが。 별것 아닙니다만.

お茶を入れましょうか。 차를 내올까요?

どうぞ、おかまいなく。 신경 쓰지 마세요.

ご遠慮なく。 사양 마시고.

どうぞ召し上がってください。 자, 드십시오.

おかわりをどうぞ。 더 드세요.

お世話になりました。 신세를 졌습니다.

せっかくいらしたのに。 모처럼 오셨는데.

そろそろ失礼致します。 슬슬 가 보겠습니다.

長居を致しました。 오래 앉아 있었습니다.

おいとまいたします。 그만 돌아가겠습니다.

またおいでください。 또 오세요.

何のお構いもできませんで申し訳ございません。
아무런 대접도 못해 드려서 죄송합니다.

出迎えに行く 마중나가다

見送る 전송하다

## LESSON 16 　訪問

### DIALOGUE 1

강유미 : 실례합니다. 아오키 씨. 안녕하세요.
아오키 : 강 씨, 어서 오세요. 기다리고 있었습니다. 어서 들어오세요.
강유미 : 실례하겠습니다. 이것 별거 아니지만, 받아 주세요.
　　　　한국 전통차입니다.
아오키 : 정말로 감사합니다. 그럼, 사양하지 않고 받겠습니다.
　　　　차라도 가져올 테니까 안쪽에서 편안히 계세요.
강유미 : 네, 신경 쓰지 마세요.

### EXERCISE 1

[1]

1　A: どうぞお入りください。
　　B: ありがとうございます。

2　A: どうぞお座りください。
　　B: ありがとうございます。

3　A: どうぞおかけください。
　　B: ありがとうございます。

4　A: どうぞお召し上がりください。
　　B: ありがとうございます。

### DIALOGUE 2

강유미 : 오늘은 초대해 주셔서 정말로 감사합니다.
아오키 : 변변한 대접도 못해 드려서….
강유미 : 그런 말씀 마세요. 덕분에 정말 즐거웠습니다.
　　　　다음에 시간 나실 때 꼭 저희 집에도 놀러 오세요.
아오키 : 고맙습니다. 기꺼이 찾아뵙겠습니다.

### EXERCISE 2

[1]

1　A: 今日はご案内してくださって、誠にありがとうございます。
　　B: いいえ、どういたしまして。おかげさまで、こちらこそ楽しかったです。

2　A: 今日はいらっしゃってくださって、誠にありがとうございます。
　　B: いいえ、どういたしまして。おかげさまで、こちらこそ楽しかったです。

3　A: 今日は誘ってくださって、誠にありがとうございます。
　　B: いいえ、どういたしまして。おかげさまで、こちらこそ楽しかったです。

[2]
1  A: すみません。景福宮まで行きたいんですが、ここから遠いですか。
   B: そうですね。歩いて行くにはちょっと無理かもしれません。
   A: そうですか。歩いて何分ぐらいかかりますか。
   B: 歩いて行くと、30分以上かかると思いますよ。

2  A: すみません。東大門市場まで行きたいんですが、ここから遠いですか。
   B: そうですね。歩いて行くにはやや遠いかもしれません。
   A: そうですか。歩いて何分ぐらいかかりますか。
   B: 歩いて行くと、20分以上かかると思いますよ。

3  A: すみません。ソウルタワーまで行きたいんですが、ここから遠いですか。
   B: そうですね。タクシーで行くとそんなに遠くないかもしれません。
   A: そうですか。タクシーで何分ぐらいかかりますか。
   B: タクシーで15分ぐらいかかると思いますよ。

## LESSON 15  電話

### DIALOGUE 1
강유미 : 여보세요. 미키 선생님 댁입니까?
남자 : 네, 그렇습니다. 누구신가요?
강유미 : 저는 강유미라고 합니다만, 미키 선생님 계세요?
남자 : 공교롭게도 부재중입니다만, 급한 용건인가요?
강유미 : 아, 아니요, 그렇지 않아요.
　　　　그럼 죄송하지만, 선생님이 돌아오시면 나중에 또 제가 전화드린다고 전해 주세요.
남자 : 네, 알겠습니다.

### EXERCISE 1
[1]
1  A: 青木さんは今留守ですが、急なご用ですか。
   B: いいえ、違います。では、恐れ入りますが、また後でお電話するとお伝えください。

2  A: 青木さんは今留守ですが、急なご用ですか。
   B: いいえ、違います。では、恐れ入りますが、1時間後またかけなおすとお伝えください。

3  A: 青木さんは今留守ですが、急なご用ですか。
   B: いいえ、違います。では、恐れ入りますが、お電話いただきたいとお伝えください。

4  A: 青木さんは今留守ですが、急なご用ですか。
   B: いいえ、違います。では、恐れ入りますが、ご連絡お待ちしているとお伝えください。

### DIALOGUE 2
여자 : 네, 도쿄상사입니다.
최민호 : 여보세요. 저는 서울물산의 최라고 합니다만, 영업부의 스즈키 씨 계세요?
여자 : 스즈키 씨는 지금 자리를 비웠는데요….
최민호 : 그래요? 그러면 죄송하지만, 말씀 좀 전해 주시겠어요?
여자 : 네, 말씀하세요.
최민호 : 내일까지 견적서를 보내 달라고 전해 주십시오.
여자 : 네, 알겠습니다.

### EXERCISE 2
[1]
1  A: もしもし。総務部の中村さんいらっしゃいますか。
   B: 中村はただ今外出しておりますが…。

2  A: もしもし。人事課の高島さんいらっしゃいますか。
   B: 高島ははただ今会議をしておりますが…。

3  A: もしもし。管理部の田中さんいらっしゃいますか。
   B: 田中はただ今出張中ですが…。

4  A: もしもし。会計課の水谷さんいらっしゃいますか。
   B: 水谷はただ今休暇中ですが…。

[2]
1  A: お帰りになり次第、お電話くださるようお伝えください。
   B: はい、かしこまりました。

2  A: 計画書をご提出くださるようお伝えください。
   B: はい、かしこまりました。

3  A: 弊社にご訪問くださるようお伝えください。
   B: はい、かしこまりました。

3　A: 運動をしなくてもいいでしょうか。
　　B: いいえ、軽い運動をしたほうがいいですよ。
4　A: 入院しなくてもいいでしょうか。
　　B: いいえ、2〜3日入院したほうがいいですよ。
5　A: 手術を受けなくてもいいでしょうか。
　　B: いいえ、早く手術したほうがいいですよ。

## LESSON 14　道案内

### DIALOGUE 1

강유미 : 아오키 씨는 청계천에 간 적이 있으세요?
아오키 : 아니요, 가 보고 싶다고 생각하고 있었지만, 아직….
강유미 : 그래요? 그럼, 제가 이번 토요일에 안내할게요.
아오키 : 정말이요? 청계천에는 어떻게 가면 되죠?
강유미 : 글쎄요. 여러 가지 가는 방법이 있어서요.
　　　　일단 종로에서 만나서 걸어서 갑시다.
아오키 : 그래요? 그럼, 종로에서 만나요.

### EXERCISE 1

**[1]**

1　A: あの、すみません。南山にはどうやって行けばいいですか。
　　B: 南山ですか。いろいろな行き方がありますけど、忠武路駅から歩いて行ったほうがいいと思います。
　　A: そうですか。ありがとうございます。

2　A: あの、すみません。明洞にはどうやって行けばいいですか。
　　B: 明洞ですか。いろいろな行き方がありますけど、乙支路3街駅から歩いて行ったほうがいいと思います。
　　A: そうですか。ありがとうございます。

3　A: あの、すみません。東大門にはどうやって行けばいいですか。
　　B: 東大門ですか。いろいろな行き方がありますけど、東大門運動場駅から歩いて行ったほうがいいと思います。
　　A: そうですか。ありがとうございます。

4　A: あの、すみません。南大門にはどうやって行けばいいですか。
　　B: 南大門ですか。いろいろな行き方がありますけど、会賢駅から歩いて行ったほうがいいと思います。

　　A: そうですか。ありがとうございます。

5　A: あの、すみません。延世大学にはどうやって行けばいいですか。
　　B: 延世大学ですか。いろいろな行き方がありますけど、新村駅から歩いて行ったほうがいいと思います。
　　A: そうですか。ありがとうございます。

### DIALOGUE 2

A : 실례합니다. 세종문화회관까지 가고 싶은데, 길 좀 알려 주세요.
B : 이 길을 곧장 가면 우체국이 나옵니다. 우체국이 있는 큰 교차로를 우측으로 돌아 가면, 좌측에 세종문화회관이 있습니다.
A : 여기에서 멀어요?
B : 글쎄요. 걸어서 가기에는 조금 멀지도 모르겠습니다.
A : 걸어서 몇 분 정도 걸립니까?
B : 걸어서 가면 20분 이상 걸릴 것 같습니다.

### EXERCISE 2

**[1]**

1　A: すみません。この近くに図書館がありますか。
　　B: はい、ありますよ。この道をまっすぐ行くと公園に出ます。図書館はその公園のそばにあります。
　　A: そうですか。ありがとうございます。

2　A: すみません。この近くに電話局がありますか。
　　B: はい、ありますよ。この道をまっすぐ行くと交差点に出ます。電話局はその向こう側にあります。
　　A: そうですか。ありがとうございます。

3　A: すみません。この近くに交番がありますか。
　　B: はい、ありますよ。この道をまっすぐ行くと信号に出ます。交番はその信号のすぐ前にあります。
　　A: そうですか。ありがとうございます。

4　A: すみません。この近くに病院がありますか。
　　B: はい、ありますよ。この道をまっすぐ行くと坂に出ます。病院はその坂の右側にあります。
　　A: そうですか。ありがとうございます。

5　A: すみません。この近くに書店がありますか。
　　B: はい、ありますよ。この道をまっすぐ行くと突き当たりに出ます。書店はその突き当たりの左側にあります。
　　A: そうですか。ありがとうございます。

## DIALOGUE 2

아오키 : 아~, 오늘도 또 비가 오네요.
강유미 : 일기예보에 따르면, 이번 주말까지 계속 비가 내린다고
　　　　하더라고요.
아오키 : 그래요? 이제 장마군요.
강유미 : 네, 지긋지긋한 장마가 시작되었네요.
아오키 : 끈적끈적한 장마는 정말 싫어요.

## EXERCISE 2

[1]
1　A: 今日は天気がいいですね。
　　B: ええ、すっきりと晴れて気持ちいいですね。
2　A: 今日は天気がいいですね。
　　B: ええ、さわやかな風が吹いて気持ちいいですね。
3　A: 今日は天気がいいですね。
　　B: ええ、青空が広がっていて気持ちいいですね。

[2]
1　A: 今日は天気が悪いですね。
　　B: ええ、むんむんと蒸し暑くていやですね。
2　A: 今日は天気が悪いですね。
　　B: ええ、冷え冷えと寒くていやですね。
3　A: 今日は天気が悪いですね。
　　B: ええ、しとしとと長雨が続いていやですね。

## LESSON 13　体の調子

### DIALOGUE 1

부장 : 무슨 일이에요?
강유미 : 머리가 지끈지끈 아파요.
부장 : 열은 있나요?
강유미 : 네, 조금 있어요.
부장 : 오늘은 빨리 집에 돌아가서 쉬는 편이 좋겠어요.
강유미 : 신경 써 주셔서 감사합니다.
　　　　그러면 오늘은 조금 일찍 돌아가겠습니다.

### EXERCISE 1

[1]
1　A: どこか具合が悪いですか。
　　B: 胃がきりきり痛いです。
2　A: どこか具合が悪いですか。
　　B: 喉がひりひり痛いです。
3　A: どこか具合が悪いですか。
　　B: 腰がずきずき痛いです。
4　A: どこか具合が悪いですか。
　　B: 歯がずきんずきん痛いです。

[2]
1　A: どうしましたか。
　　B: 頭が重くて、体がだるいです。
2　A: どうしましたか。
　　B: 吐気がして、気分が悪いです。
3　A: どうしましたか。
　　B: 喉が痛くて、咳が出ます。
4　A: どうしましたか。
　　B: 鼻水が出て、寒気がします。

### DIALOGUE 2

부장 : 무슨 일 있어요? 안색이 안 좋아요.
강유미 : 요즘 밤에 푹 잠을 자지 못해서 전혀 피곤이 풀리지 않아요.
부장 : 그거 큰일이네요. 식욕은 어때요?
강유미 : 식욕도 전혀 없어요. 조금만 먹어도 배가 아프고
　　　　설사를 합니다. 또 먹지 않으면 위가 쿡쿡 쑤시고 아픕니다.
부장 : 그래요? 빨리 병원에 가는 편이 좋겠어요.
강유미 : 예, 오늘은 일을 빨리 끝내고, 병원에 가 볼 생각입니다.
부장 : 무리하지 말고 몸 조심하세요.

### EXERCISE 2

[1]
1　A: 病院に行ってもいいでしょうか。
　　B: はい、病院に行って診察を受けてください。
2　A: お風呂に入ってもいいでしょうか。
　　B: はい、お風呂に入ってゆっくりしてください。
3　A: タバコを吸ってもいいでしょうか。
　　B: いいえ、タバコは吸わないでください。
4　A: お酒を飲んでもいいでしょうか。
　　B: いいえ、お酒は飲まないでください。
5　A: 冷たいものを食べてもいいでしょうか。
　　B: いいえ、冷たいものは食べないでください。

[2]
1　A: 薬を飲まなくてもいいでしょうか。
　　B: いいえ、薬を飲んだほうがいいですよ。
2　A: 何も食べなくてもいいでしょうか。
　　B: いいえ、おかゆを少し食べたほうがいいですよ。

## DIALOGUE 2

아오키 : 유미 씨는 요리를 좋아합니까?
강유미 : 요리요? 먹는 건 좋아하지만, 만드는 것은 좀….
아오키 : 그래요? 한국에 있는 동안 김치와 김치찌개 만드는 법을 배우고 싶어서….
강유미 : 저는 김치는 만들 수 없지만, 김치찌개라면 만들 수 있어요.
아오키 : 그럼, 맛있는 김치찌개 만드는 법을 알려 주세요.
강유미 : 김치찌개는 김치가 있으면 누구라도 만들 수 있어요. 김치를 잘라서 냄비에 넣고, 적당히 물을 붓고 끓이면 됩니다. 완전 간단!

## EXERCISE 2

**[1]**

1 **A**: スパゲッティは作れませんが、ラーメンなら作れますよ。
2 **A**: ナムルは作れませんが、サラダなら作れますよ。
3 **A**: 寿司は作れませんが、おにぎりなら作れますよ。
4 **A**: ピザは作れませんが、チヂミなら作れますよ。

**[2]**

1 **A**: チヂミの作り方を教えてください。
   **B**: 小麦粉の生地にネギ、キムチ、いろいろな野菜を入れてフライパンで焼いたら、できあがりです。
2 **A**: プルコギの作り方を教えてください。
   **B**: 薄切りにした牛肉に醤油、砂糖、胡麻油などを入れて作ったタレに漬け込んで焼いたら、できあがりです。
3 **A**: ビビンバの作り方を教えてください。
   **B**: ご飯にコチュジャンといろいろなナムルを混ぜたら、できあがりです。

## LESSON 12 季節と天気

### DIALOGUE 1

아오키 : 강 씨는 계절 중에서 어떤 계절을 가장 좋아합니까?
강유미 : 저는 봄을 가장 좋아해요.
아오키 : 그래요? 특별히 봄을 좋아하는 이유는 무엇인가요?
강유미 : 글쎄요. 따뜻한 봄 날씨를 좋아합니다. 또 상쾌한 봄 바람도, 예쁜 벚꽃도 매우 좋아해요. 아오키 씨는 어떤 계절을 좋아하세요?
아오키 : 저는 봄도 좋아하지만, 가을을 가장 좋아해요.

## EXERCISE 1

**[1]**

1 **A**: Bさんは季節の中で、どの季節が一番好きですか。
   **B**: 私は春が一番好きです。
   **A**: 特に春が一番好きな理由は何ですか。
   **B**: つつじ、れんぎょう、桜などの春の花が好きです。
2 **A**: Bさんは季節の中で、どの季節が一番好きですか。
   **B**: 私は夏が一番好きです。
   **A**: 特に夏が一番好きな理由は何ですか。
   **B**: 真夏の海を満喫できるバカンスが好きです。
3 **A**: Bさんは季節の中で、どの季節が一番好きですか。
   **B**: 私は秋が一番好きです。
   **A**: 特に秋が一番好きな理由は何ですか。
   **B**: 涼しくてさわやかな秋の天気が好きです。
4 **A**: Bさんは季節の中で、どの季節が一番好きですか。
   **B**: 私は冬が一番好きです。
   **A**: 特に冬が一番好きな理由は何ですか。
   **B**: ロマンチックな雪が好きです。

**[2]**

1 **A**: Bさんは春が好きですか。
   **B**: いいえ、あまり好きじゃありません。
   **A**: えっ、どうしてですか。
   **B**: 黄砂が来るので、ちょっと大変なんです。
2 **A**: Bさんは夏が好きですか。
   **B**: いいえ、あまり好きじゃありません。
   **A**: えっ、どうしてですか。
   **B**: 夏ばてをするので、ちょっと大変なんです。
3 **A**: Bさんは秋が好きですか。
   **B**: いいえ、あまり好きじゃありません。
   **A**: えっ、どうしてですか。
   **B**: 食欲が出て太るので、ちょっと大変なんです。
4 **A**: Bさんは冬が好きですか。
   **B**: いいえ、あまり好きじゃありません。
   **A**: えっ、どうしてですか。
   **B**: 寒がり屋なので、ちょっと大変なんです。

**[2]**

1. **A:** 好きな映画のジャンルは何ですか。
   **B:** ファンタジー映画が好きです。

2. **A:** 好きな映画のジャンルは何ですか。
   **B:** アクション映画が好きです。

3. **A:** 好きな映画のジャンルは何ですか。
   **B:** サスペンス映画が好きです。

4. **A:** 好きな映画のジャンルは何ですか。
   **B:** アニメーションが好きです。

5. **A:** 好きな映画のジャンルは何ですか。
   **B:** ホラー映画が好きです。

6. **A:** 好きな映画のジャンルは何ですか。
   **B:** 戦争映画が好きです。

## DIALOGUE 2

강유미 : 아오키 씨는 어떤 음악을 좋아합니까?
아오키 : 저는 재즈를 좋아합니다.
강유미 : 그래요? 그럼, 다음에 재즈 카페에 갈까요?
　　　　대학로에 유명한 재즈 카페가 있어요.
아오키 : 아~, 그래요? 꼭 가 보고 싶습니다.
　　　　강 씨도 재즈를 좋아합니까?
강유미 : 네, 영화 사운드 트랙을 비롯해 재즈, 클래식, J-POP 등 대부분의 장르의 음악을 좋아합니다.

## EXERCISE 2

**[1]**

1. **A:** どんな音楽が好きですか。
   **B:** クラシックが好きです。

2. **A:** どんな音楽が好きですか。
   **B:** ロックが好きです。

3. **A:** どんな音楽が好きですか。
   **B:** J-POPが好きです。

4. **A:** どんな音楽が好きですか。
   **B:** 演歌が好きです。

5. **A:** どんな音楽が好きですか。
   **B:** フォークやシャンソンが好きです。

6. **A:** どんな音楽が好きですか。
   **B:** アニメソングや映画音楽が好きです。

## LESSON 11　料理

### DIALOGUE 1

강유미 : 아오키 씨는 요리를 좋아합니까?
아오키 : 예, 굉장히 좋아해요.
　　　　요리라면 만드는 것도 먹는 것도, 양쪽 다 좋아합니다.
강유미 : 그래요? 그럼, 요리 중에서 무엇을 제일 잘합니까?
아오키 : 글쎄요. 스키야키와 샤부샤부 등의 일본 요리가 제일 자신 있습니다. 만들기 쉽고, 맛있고….
강유미 : 우와~, 대단하시네요. 저 샤부샤부 정말 좋아하는데, 간단하게 만들 수 있나요? 다음에 가르쳐 주세요.
아오키 : 좋아요. 집에 한번 놀러 오세요.

### EXERCISE 1

**[1]**

1. **A:** 料理の中で、どんな料理が好きですか。
   **B:** 韓国料理が好きです。
   **A:** そうですか。韓国料理は私も大好きです。
   **B:** 韓国料理の中では、何が一番好きですか。
   **A:** 韓国料理はほとんど好きですが、キムチチゲが一番好きです。

2. **A:** 料理の中で、どんな料理が好きですか。
   **B:** 中華料理が好きです。
   **A:** そうですか。中華料理は私も大好きです。
   **B:** 中華料理の中では、何が一番好きですか。
   **A:** 中華料理はほとんど好きですが、春巻きが一番好きです。

3. **A:** 料理の中で、どんな料理が好きですか。
   **B:** イタリア料理が好きです。
   **A:** そうですか。イタリア料理は私も大好きです。
   **B:** イタリア料理の中では、何が一番好きですか。
   **A:** イタリア料理はほとんど好きですが、パスタが一番好きです。

4. **A:** 料理の中で、どんな料理が好きですか。
   **B:** 日本料理が好きです。
   **A:** そうですか。日本料理は私も大好きです。
   **B:** 日本料理の中では、何が一番好きですか。
   **A:** 日本料理はほとんど好きですが、すき焼きが一番好きです。

A: わあー、うらやましいですね。で、日本のどこに行くんですか。
B: 長崎のハウステンボスに行ってくるつもりです。

5　A: 今度の連休に何をしますか。
B: 私は日本に旅行に行きます。
A: わあー、うらやましいですね。で、日本のどこに行くんですか。
B: 箱根の温泉に行ってくるつもりです。

## DIALOGUE 2

아오키: 강 씨는 일본에 간 적이 있습니까?
강유미: 네, 얼마 전에 여행을 갔다 왔습니다. 후쿠오카에서 도쿄까지 일주했습니다.
아오키: 그럼, 신칸센으로 돌아다녔나요?
강유미: 네, 그래요.
아오키: 여행은 어땠습니까?
강유미: 정말 재미있었어요. 단지 패키지 여행이어서 충분한 시간이 없었던 것이 아쉬웠습니다. 다음에 또 기회가 있으면 자유 여행으로 천천히 갔다 오고 싶습니다.

## EXERCISE 2

**[1]**

1　A: 旅行はどうでしたか。
B: とても印象的だったです。でも、日本語が上手に話せなかったのが残念でした。

2　A: 旅行はどうでしたか。
B: とても面白かったです。でも、物価が高くてプレゼントをいっぱい買えなかったのが残念でした。

3　A: 旅行はどうでしたか。
B: とても楽しかったです。でも、宿泊先が狭くて不便だったのが残念でした。

4　A: 旅行はどうでしたか。
B: とても面白かったです。でも、友達がいっしょに行けなかったのが残念でした。

**[2]**

1　A: 機会があれば、またどこに行ってみたいですか。
B: そうですね。今度機会があれば、友達といっしょにヒッチハイク旅行に行ってみたいです。

2　A: 機会があれば、またどこに行ってみたいですか。

B: そうですね。今度機会があれば、恋人といっしょにオーストラリアに行ってみたいです。

3　A: 機会があれば、またどこに行ってみたいですか。
B: そうですね。今度機会があれば、家族といっしょにハワイに行ってみたいです。

4　A: 機会があれば、またどこに行ってみたいですか。
B: そうですね。今度機会があれば、家内といっしょにスイスに行ってみたいです。

5　A: 機会があれば、またどこに行ってみたいですか。
B: そうですね。今度機会があれば、両親といっしょに箱根の温泉リゾートに行ってみたいです。

**LESSON 10**　映画と音楽

## DIALOGUE 1

아오키: 일본 영화를 본 적이 있으세요?
강유미: 네, 물론이지요. 일본 영화에 푹 빠져 있어요.
아오키: 그럼, 가장 인상적이었던 일본 영화는 무엇입니까?
강유미: 이와이 슌지 감독의 「러브 레터」가 가장 인상적이었습니다.
아오키: 그래요? 저도 이와이 슌지 감독의 영화를 매우 좋아해요. 영화 장르는 어떤 것을 좋아합니까?
강유미: 여러 장르의 영화를 좋아하지만, 특히 로맨틱 코미디를 좋아합니다.

## EXERCISE 1

**[1]**

1　A: 特に印象的だった映画は何ですか。
B: 「猟奇的な彼女」が印象的でした。

2　A: 特に印象的だった映画は何ですか。
B: 「私の頭の中の消しゴム」が印象的でした。

3　A: 特に印象的だった映画は何ですか。
B: 「君は僕の運命」が印象的でした。

4　A: 特に印象的だった映画は何ですか。
B: 「マラソン」が印象的でした。

5　A: 特に印象的だった映画は何ですか。
B: 「ブラザーフッド」が印象的でした。

4  A: 今も幼いときの夢と同じ夢を持っていますか。
   B: いいえ、はじめはスチュワーデスになりたかったのですが、次々と夢が変わって、今はアナウンサーになりたいです。

5  A: 今も幼いときの夢と同じ夢を持っていますか。
   B: いいえ、はじめはパイロットになりたかったのですが、次々と夢が変わって、今は写真作家になりたいです。

6  A: 今も幼いときの夢と同じ夢を持っていますか。
   B: いいえ、はじめは外交官になりたかったのですが、次々と夢が変わって、今は教師になりたいです。

7  A: 今も幼いときの夢と同じ夢を持っていますか。
   B: いいえ、はじめは芸能人になりたかったのですが、次々と夢が変わって、今は美容師になりたいです。

### DIALOGUE 2

아오키: 강 씨는 장래에 어떤 것을 해 보고 싶습니까?
강유미: 제 장래의 꿈 말인가요?
        저는 건축가가 되어서, 사람들에게 도움이 되는 훌륭한 건축을 많이 만들고 싶어요.
아오키: 아~, 그래서 대학에서 건축을 전공하셨군요.
강유미: 네, 그래요. 기회가 있으면 일본으로 유학 가서, 좀 더 전문적인 공부를 하고 오고 싶어요.
아오키: 그렇군요. 정말 멋진 꿈이네요. 열심히 하세요. 분명히 꿈이 이루어질 거예요.

### EXERCISE 2
[1]
1  A: 将来どんなことをしてみたいですか。
   B: 私の将来の夢ですか。私は化学者になって、研究をしたいです。

2  A: 将来どんなことをしてみたいですか。
   B: 私の将来の夢ですか。私は大学教授になって、学生たちを育成したいです

3  A: 将来どんなことをしてみたいですか。
   B: 私の将来の夢ですか。私は外交官になって、外交関係を築きたいです。

4  A: 将来どんなことをしてみたいですか。
   B: 私の将来の夢ですか。私は芸術家になって、作品を作りたいです。

## LESSON 09 旅行

### DIALOGUE 1
아오키: 강 씨, 이번 연휴에 뭐 하세요?
강유미: 저는 일본에 여행을 갑니다.
아오키: 와~, 좋겠네요. 그런데 일본 어디로 가는 겁니까?
강유미: 먼저 벳푸 온천에 가고,
        그 다음에 아소산에도 가 볼 계획입니다.
아오키: 부러워요. 다음에 기회가 있으면 같이 가요.

### EXERCISE 1
[1]
1  A: 日本に行ったことがありますか。
   B: はい、先月出張に行ってきました。

2  A: 日本に行ったことがありますか。
   B: はい、半年前研修に行ってきました。

3  A: 日本に行ったことがありますか。
   B: はい、1年前留学に行ってきました。

4  A: 日本に行ったことがありますか。
   B: はい、この前観光に行ってきました。

[2]
1  A: 今度の連休に何をしますか。
   B: 私は日本に旅行に行きます。
   A: わあー、うらやましいですね。で、日本のどこに行くんですか。
   B: 東京の新宿、金座などの繁華街に行ってくるつもりです。

2  A: 今度の連休に何をしますか。
   B: 私は日本に旅行に行きます。
   A: わあー、うらやましいですね。で、日本のどこに行くんですか。
   B: 北海道の雪祭りに行ってくるつもりです。

3  A: 今度の連休に何をしますか。
   B: 私は日本に旅行に行きます。
   A: わあー、うらやましいですね。で、日本のどこに行くんですか。
   B: 大阪のユニバーサルスタジオに行ってくるつもりです。

4  A: 今度の連休に何をしますか。
   B: 私は日本に旅行に行きます。

최민호 : 그렇습니까? 요즘에는 초등학생이라도 휴대전화를 가지고 있는 아이가 있는데요. 예전만 하더라도 그다지 휴대전화를 가지고 있는 사람이 없었으니까요.

요시다 : 한 가지 더 기억에 남아 있는 추억의 선물은, 남자친구에게서 받은 100송이 장미와 향수. 20살 생일 선물로 받았어요.

## EXERCISE 2
[1]
1  A: 誕生日プレゼントに何をもらいましたか。
   B: 兄に財布ををもらいました。
2  A: 入学祝いのプレゼントに何をもらいましたか。
   B: 姉に電子辞書をもらいました。
3  A: 卒業祝いのプレゼントに何をもらいましたか。
   B: 両親にスーツをもらいました。
4  A: 入社祝いのプレゼントに何をもらいましたか。
   B: 恋人にネクタイをもらいました。
5  A: 結婚記念のプレゼントに何をもらいましたか。
   B: 夫にネックレスをもらいました。
6  A: 引越し祝いのプレゼントに何をもらいましたか。
   B: 同僚にスタンドをもらいました。

[2]
1  A: 誕生日の日に、家族は何をしてくれましたか。
   B: おいしい料理を作ってくれました。
2  A: 誕生日の日に、恋人は何をしてくれましたか。
   B: コンサートに誘ってくれました。
3  A: 誕生日の日に、友達は何をしてくれましたか。
   B: 歌を歌ってくれました。
4  A: 誕生日の日に、同僚は何をしてくれましたか。
   B: 写真を撮ってくれました。

## LESSON 08  私の夢

### DIALOGUE 1
아오키 : 어릴 때 꿈은 무엇이었나요?
         어른이 되면 무엇이 되고 싶었나요?
강유미 : 글쎄요. 처음에는 만화가가 되고 싶었는데,
         그 후에 소설가, 의사, 대학 교수 등 계속 꿈이 바뀌었어요.
아오키 : 그럼, 현재 장래의 꿈은 무엇인가요?
강유미 : 지금은 훌륭한 건축가가 되고 싶습니다.

### EXERCISE 1
[1]
1  A: 幼いときの夢は何でしたか。
   B: 私は大統領になりたかったです。
2  A: 幼いときの夢は何でしたか。
   B: 私は警察官になりたかったです。
3  A: 幼いときの夢は何でしたか。
   B: 私は消防士になりたかったです。
4  A: 幼いときの夢は何でしたか。
   B: 私はスチュワーデスになりたかったです。
5  A: 幼いときの夢は何でしたか。
   B: 私はパイロットになりたかったです。
6  A: 幼いときの夢は何でしたか。
   B: 私は外交官になりたかったです。
7  A: 幼いときの夢は何でしたか。
   B: 私は芸能人になりたかったです。

[2]
1  A: 今も幼いときの夢と同じ夢を持っていますか。
   B: いいえ、はじめは大統領になりたかったのですが、次々と夢が変わって、今は公務員になりたいです。
2  A: 今も幼いときの夢と同じ夢を持っていますか。
   B: いいえ、はじめは警察官になりたかったのですが、次々と夢が変わって、今は会計士になりたいです。
3  A: 今も幼いときの夢と同じ夢を持っていますか。
   B: いいえ、はじめは消防士になりたかったのですが、次々と夢が変わって、今は銀行員になりたいです。

A: 高いですね。少し負けて、9万6千ウォンにしてください。

5　A: このベージュのトレンチコートはいくらですか。
B: 12万5千ウォンです。
A: 高いですね。少し負けて、11万5千ウォンにしてください。

6　A: このオレンジのパンプスはいくらですか。
B: 8万3千ウォンです。
A: 高いですね。少し負けて、8万ウォンにしてください。

### DIALOGUE 2

점원 : 어서 오세요.
최민호 : 실례합니다. 사과는 1개에 얼마인가요?
점원 : 사과는 1개에 2,500원입니다.
최민호 : 그럼, 배는 얼마인가요?
점원 : 큰 것은 1개에 5,000원이고, 작은 것은 1개에 2,000원입니다.
최민호 : 그럼, 큰 것 3개 주세요.
점원 : 네, 15,000원입니다.

### EXERCISE 2

**[1]**

1　A: すみません。トマトはいくらですか。
B: 5つで6000ウォンです。

2　A: すみません。焼き芋はいくらですか。
B: 3つで2000ウォンです。

3　A: すみません。おにぎりはいくらですか。
B: 2つで1500ウォンです。

4　A: すみません。あんパンはいくらですか。
B: 4つで2500ウォンです。

5　A: すみません。餃子はいくらですか。
B: 6つで3000ウォンです。

**[2]**

1　A: すみません。りんごはいくらですか。
B: 大きいのは1つ2500ウォンで、小さいのは1つ1500ウォンです。
A: じゃ、小さいの5つください。
B: はい、7500ウォンになります。

2　A: すみません。キウイはいくらですか。
B: 大きいのは1つ800ウォンで、小さいのは1つ600ウォンです。
A: じゃ、大きいの5つください。
B: はい、4000ウォンになります。

3　A: すみません。いちごはいくらですか。
B: 大きいのは100グラム1980ウォンで、小さいのは100グラム1560ウォンです。
A: じゃ、大きいの300グラムください。
B: はい、5940ウォンになります。

## LESSON 07　お誕生日とプレゼント

### DIALOGUE 1

요시다 : 최 씨, 생일은 언제인가요?
최민호 : 12월 24일입니다.
요시다 : 어, 12월 24일! 그럼, 크리스마스 이브가 생일인 건가요?
최민호 : 네, 그래요. 그래서 다들 잘 기억해 줘요. 요시다 씨의 생일은 언제인가요?
요시다 : 제 생일 말인가요? 7월 31일입니다.
최민호 : 그렇군요. 7월에 태어났군요. 실례지만, 요시다 씨는 몇 년생인가요?
요시다 : 1979년생입니다. 양띠입니다.
최민호 : 그렇군요. 그럼 제 여동생과 같은 나이네요.

### EXERCISE 1

**[1]**

1　A: お誕生日はいつですか。
B: 3月27日です。

2　A: お誕生日はいつですか。
B: 5月8日です。

3　A: お誕生日はいつですか。
B: 9月12日です。

4　A: お誕生日はいつですか。
B: 10月31日です。

**[2]**

1　A: 失礼ですが、何年生まれですか。
B: 1976年生まれで、辰年です。

2　A: 失礼ですが、何年生まれですか。
B: 1987年生まれで、卯年です。

3　A: 失礼ですが、何年生まれですか。
B: 1984年生まれで、子年です。

4　A: 失礼ですが、何年生まれですか。
B: 1969年生まれで、酉年です。

### DIALOGUE 2

최민호 : 지금까지 받은 생일 선물 중에 무엇이 가장 기뻤나요?
요시다 : 글쎄요. 고등학생 1학년 때 부모님께서 휴대전화를 사 주셨는데, 정말 기뻤어요.

A: いいですね。じゃ、夕食はステーキにしましょう。

2. A: 明日の朝食は何にしましょうか。
B: 久しぶりにご飯と味噌汁はどうですか。
A: いいですね。じゃ、明日の朝食はご飯と味噌汁にしましょう。

3. A: 今日のメニューは何にしましょうか。
B: 久しぶりに冷麺はどうですか。
A: いいですね。じゃ、今日のメニューは冷麺にしましょう。

### DIALOGUE 2
최민호 : 시사회는 어땠어요?
요시다 : 정말 감동적이었어요. 무엇보다도 동경하던 욘사마와 만날 수 있어서 지금도 꿈만 같아요.
최민호 : 그렇군요. 요시다 씨가 마음에 들어 하셔서 기뻐요. 집에 돌아가기에는 아직 이르니까 월드랜드에라도 갈까요?
요시다 : 좋아요. 여기서 그다지 멀지도 않고, 볼 곳도 먹을 곳도 많이 있으니까요.
최민호 : 그럼, 결정! 월드랜드에서 저녁 식사를 하기로 해요.

### EXERCISE 2
**[1]**

1. A: 街の雰囲気はどうでしたか。
B: 本当に賑やかでした。

2. A: ファッションショーはどうでしたか。
B: 本当に華やかでした。

3. A: デートはどうでしたか。
B: 本当に楽しかったです。

4. A: 旅行はどうでしたか。
B: 本当に面白かったです。

5. A: 映画はどうでしたか。
B: 本当につまらなかったです。

**[2]**

1. A: 東大門に行きましょうか。
B: いいですね。
A: じゃ、東大門でショッピングをすることにしましょう。

2. A: 温泉に行きましょうか。
B: いいですね。
A: じゃ、温泉でゆっくりすることにしましょう。

3. A: 図書館に行きましょうか。
B: いいですね。
A: じゃ、図書館で勉強をすることにしましょう。

4. A: 海辺に行きましょうか。
B: いいですね。
A: じゃ、海辺で刺身を食べることにしましょう。

5. A: 南山タワーに行きましょうか。
B: いいですね。
A: じゃ、南山タワーで夜景を見ることにしましょう。

### LESSON 06 ショッピング

### DIALOGUE 1
점원 : 어서 오세요.
최민호 : 실례합니다. 저 회색 스커트, 좀 보여 주세요.
점원 : 네, 여기요.
최민호 : 이건 얼마인가요?
점원 : 4만 원입니다.
최민호 : 좀 비싸네요. 조금 깎아 주세요.
점원 : 그건 좀…. 그럼, 이 파란색 스커트는 어떤가요? 소재도 좋고 가격도 쌉니다.
최민호 : 그래요? 그럼 그건 얼마인가요?
점원 : 이것은 3만 원입니다.
최민호 : 그럼, 그걸로 할게요.
점원 : 네, 알겠습니다. 감사합니다.

### EXERCISE 1
**[1]**

1. A: この白いブラウスはいくらですか。
B: 4万7千ウォンです。
A: 高いですね。少し負けて、4万5千ウォンにしてください。

2. A: このピンクのズボンはいくらですか。
B: 3万2千ウォンです。
A: 高いですね。少し負けて、3万ウォンにしてください。

3. A: この青いシャツはいくらですか。
B: 1万8千ウォンです。
A: 高いですね。少し負けて、1万5千ウォンにしてください。

4. A: このグリーンのジャケットはいくらですか。
B: 9万9千ウォンです。

3　A: 日本語の勉強をしますか。
　　B: しないときもありますけど、普通はします。
4　A: お風呂に入りますか。
　　B: 入らないときもありますけど、普通は入ります。
5　A: 貯金をしますか。
　　B: しないときもありますけど、普通はします。

## DIALOGUE 2
요시다 : 최 씨는 보통 몇 시에 집을 나서나요?
최민호 : 7시 반 정도에는 집을 나섭니다.
요시다 : 집에서 회사까지 어느 정도 시간이 걸리나요?
최민호 : 글쎄요, 지하철로 40분 정도 걸리는데, 걷는 시간도 있으니까 여유롭게 나갑니다.
요시다 : 지하철 안에서는 무엇을 하나요?
최민호 : 영어 회화나 일본어 공부를 하거나, 음악을 듣거나 합니다.

## EXERCISE 2
**[1]**
1　A: 普通何時に会社に着きますか。
　　B: 8時半頃に会社に着きます。
　　A: 駅から会社まで、どのくらい時間がかかりますか。
　　B: そうですね。歩いて10分ぐらいかかります。
2　A: 普通何時に会社を出ますか。
　　B: 6時頃に会社を出ます。
　　A: 会社から日本語学校まで、どのくらい時間がかかりますか。
　　B: そうですね。バスで２０分ぐらいかかります。
3　A: 普通何時に家に帰りますか。
　　B: １０時頃に家に帰ります。
　　A: 日本語学校から家まで、どのくらい時間がかかりますか。
　　B: そうですね。地下鉄で1時間ぐらいかかります。

**[2]**
1　A: 公園で何をしますか。
　　B: 散歩したり、運動したりします。
2　A: スポーツセンターで何をしますか。
　　B: 水泳をしたり、ヨガをしたりします。
3　A: 日本語の授業で何をしますか。
　　B: 文法を覚えたり、会話の練習をしたりします。

4　A: 会議で何をしますか。
　　B: 研究資料を発表したり、新しい計画を立てたりします。

## LESSON 05　約束

### DIALOGUE 1
최민호 : 이번 주말, 한가해요?
요시다 : 네, 무슨 일 있어요?
최민호 : 영화 시사회 티켓이 생겨서요. 괜찮으면 같이 가지 않을래요?
요시다 : 시사회! 그럼 영화에 나오는 배우와도 만날 수 있나요?
최민호 : 네, 감독이나 영화에 출연한 배우와도 만날 수 있을 거예요.
요시다 : 와, 꿈만 같아요.
최민호 : 이번 주 토요일 12시에 코엑스에서 만날까요? 시사회는 4시부터니까, 먼저 만나서 점심식사라도 해요.

## EXERCISE 1
**[1]**
1　A: 映画にいっしょに行きませんか。
　　B: 映画？ いいですね。いつどこで会いましょうか。
　　A: 明日の午後6時に、江南駅で会いましょう。
2　A: コンサートにいっしょに行きませんか。
　　B: コンサート？ いいですね。いつどこで会いましょうか。
　　A: 今週の土曜日5時に、COEXで会いましょう。
3　A: ミュージカルにいっしょに行きませんか。
　　B: ミュージカル？ いいですね。いつどこで会いましょうか。
　　A: 来週の水曜日6時半に、文化会館で会いましょう。
4　A: ファッションショーにいっしょに行きませんか。
　　B: ファッションショー？ いいですね。いつどこで会いましょうか。
　　A: 来週の金曜日3時に、三成駅で会いましょう。
5　A: ドライブにいっしょに行きませんか。
　　B: ドライブ？ いいですね。いつどこで会いましょうか。
　　A: 明後日の朝9時に、家の前で会いましょう。

**[2]**
1　A: 夕食は何にしましょうか。
　　B: 久しぶりにステーキはどうですか。

B: 유세희さんです。
4 A: 友達の中で一番仲のいい人は誰ですか。
  B: 鈴木太郎さんです。
5 A: 友達の中で一番仲のいい人は誰ですか。
  B: 山田秀男さんです。
6 A: 友達の中で一番仲のいい人は誰ですか。
  B: 田中花子さんです。

[2]
1 A: どんな感じの人ですか。
  B: 小太りで背の低い、パーマをかけているおばさんタイプの人です。
2 A: どんな感じの人ですか。
  B: スリムで背の高い、おしゃれなモデルタイプの人です。
3 A: どんな感じの人ですか。
  B: 太っていて背の低い、はげているおじさんタイプの人です。
4 A: どんな感じの人ですか。
  B: がっしりしていて背の高い、短い髪のスポーツマンタイプの人です。

## DIALOGUE 2

아오키: 강 씨의 친한 친구의 성격은요? 어떤 성격의 친구인가요?
강유미: 배려가 있는 상냥한 사람입니다.
　　　　명랑하고 따듯한 사람이라서 늘 함께 있고 싶어요.
아오키: 그녀가 좋아하는 타입은요? 남자친구는 있나요?
강유미: 그게…. 아직 없어요. 남자답고 성실하고 똑똑하고 쿨한 사람이 있으면 소개해 주세요.
아오키: 역시. 이상이 높은 게 문제로군요.

## EXERCISE 2

[1]
1 A: 木村さんはどんな人ですか。
  B: 朗らかで温かい人です。
2 A: 金さんはどんな人ですか。
  B: おおらかで男らしい人です。
3 A: お姉さんはどんな人ですか。
  B: おとなしくて真面目な人です。

[2]
1 A: どんなタイプの人が好きですか。
  B: 礼儀正しくて、おおらかで、ロマンチックな人が好きです。
2 A: どんなタイプの人が好きですか。
  B: スリムで、きれいで、おとなしい人が好きです。
3 A: どんなタイプの人が好きですか。
  B: かわいくて、ボーイッシュで、明るい人が好きです。
4 A: どんなタイプの人が好きですか。
  B: 積極的で、セクシーで、魅力的な人が好きです。

## LESSON 04　私の一日

### DIALOGUE 1

요시다: 최 씨는 보통 몇 시에 일어나세요?
최민호: 저는 보통 6시에 일어납니다.
요시다: 와~, 6시에 일어납니까? 일찍 일어나네요.
　　　　아침 일찍 일어나서 무엇을 하나요?
최민호: 집 앞 공원에 가서 가벼운 운동을 합니다.
요시다: 왜 일찍 일어나서 운동까지!
　　　　굉장하네요. 그럼 매일 아침 식사를 하나요?
최민호: 아침밥은 먹을 때도 있지만, 보통 먹지 않아요.

### EXERCISE 1

[1]
1 A: Bさんは普通朝何時に起きますか。
  B: 普通5時に起きます。
  A: 朝起きて何をしますか。
  B: スポーツセンターに行って水泳をします。
2 A: Bさんは普通朝何時に起きますか。
  B: 普通6時半に起きます。
  A: 朝起きて何をしますか。
  B: シャワーを浴びて朝ごはんを食べます。
3 A: Bさんは普通朝何時に起きますか。
  B: 普通7時に起きます。
  A: 朝起きて何をしますか。
  B: コーヒーを飲んで新聞を読みます。
4 A: Bさんは普通朝何時に起きますか。
  B: 普通8時に起きます。
  A: 朝起きて何をしますか。
  B: 顔を洗ってニュースを聞きます。

[2]
1 A: 朝の運動をしますか。
  B: するときもありますけど、普通はしません。
2 A: 週末にデートをしますか。
  B: しないときもありますけど、普通はします。

5   A: 趣味は何ですか。
    B: ギターを弾くのが好きです。

6   A: 趣味は何ですか。
    B: サッカーを見るのが好きです。

7   A: 趣味は何ですか。
    B: マンガを読むのが好きです。

### LESSON 02  ご家族は何人ですか。

#### DIALOGUE 1

아오키 : 강 씨는 가족이 몇 명인가요?
강유미 : 5명입니다. 아버지와 어머니, 형 두 명, 그리고 저입니다.
아오키 : 실례입니다만, 아버지가 하시는 일은 무엇인가요?
강유미 : 아버지는 은행원으로, 서울은행에 근무하고 있습니다.

#### EXERCISE 1

**[1]**

1   A: 何人家族ですか。
    B: 4人家族です。父と母と兄と私です。

2   A: 何人家族ですか。
    B: 5人家族です。父と母と姉と弟と私です。

3   A: 何人家族ですか。
    B: 6人家族です。祖母と両親と兄と妹と私です。

**[2]**

1   A: お母さんのお仕事は何ですか。
    B: 母は主婦です。

2   A: お兄さんのお仕事は何ですか。
    B: 兄は会社員です。

3   A: お姉さんのお仕事は何ですか。
    B: 姉はデザイナーです。

4   A: 弟さんのお仕事は何ですか。
    B: 弟は公務員です。

5   A: 妹さんのお仕事は何ですか。
    B: 妹は大学生です。

#### DIALOGUE 2

아오키 : 아버지는 어떤 분이신가요?
강유미 : 아버지는 성실하고 엄격하신 분입니다.
아오키 : 어머니도 엄하신 분이신가요?
강유미 : 아뇨, 어머니는 밝고 상냥하십니다.
아오키 : 그럼, 유미 씨는 아버지를 닮았나요? 어머니를 닮았나요?
강유미 : 글쎄요. 얼굴은 아버지를 닮았는데
        밝고 활발한 성격은 어머니를 닮았어요.

#### EXERCISE 2

**[1]**

1   A: お母さんはどんな方ですか。
    B: 母は気さくで朗らかな人です。

2   A: お兄さんはどんな方ですか。
    B: 兄は積極的で頼もしい人です。

3   A: お姉さんはどんな方ですか。
    B: 姉はおとなしくて穏やかな人です。

4   A: 弟さんはどんな方ですか。
    B: 弟は活発で社交的な人です。

5   A: 妹さんはどんな方ですか。
    B: 妹はおしゃべりで明るい人です。

**[2]**

1   A: お兄さんは誰に似ていますか。
    B: 目は父に似ています。

2   A: お姉さんは誰に似ていますか。
    B: 口は母に似ています。

3   A: 弟さんは誰に似ていますか。
    B: 鼻は祖母に似ています。

4   A: 妹さんは誰に似ていますか。
    B: 後ろ姿は母に似ています。

### LESSON 03  私の友達

#### DIALOGUE 1

아오키 : 강 씨는 친한 친구가 많은 편인가요?
강유미 : 네, 사교적인 성격이라서 여기저기에 친구가 있습니다.
아오키 : 그럼, 친구 중에서 가장 사이가 좋은 사람은 누구인가요?
강유미 : 김민지입니다. 초등학교 때부터 사귄 소꿉친구로,
        어떤 고민이라도 서로 말할 수 있는 친한 친구입니다.
아오키 : 그렇군요. 그녀는 어떤 느낌의 사람인가요?
강유미 : 음, 언뜻 보면 아가씨 같은 타입?
        조금 마른 체형에 긴 생머리로….
아오키 : 그렇군요. 한번 만나 보고 싶네요.

#### EXERCISE 1

**[1]**

1   A: 友達の中で一番仲のいい人は誰ですか。
    B: 이현우さんです。

2   A: 友達の中で一番仲のいい人は誰ですか。
    B: 김수지さんです。

3   A: 友達の中で一番仲のいい人は誰ですか。

## LESSON 01  自己紹介

### DIALOGUE 1

강유미 : 처음 뵙겠습니다. 강유미라고 합니다. 잘 부탁드립니다.
아오키 : 처음 뵙겠습니다. 아오키입니다. 저야말로 잘 부탁드립니다.
강유미 : 아오키 씨의 집은 어디입니까?
아오키 : 신촌입니다. 교통도 편리하고, 번화해서 즐거운 곳입니다.
　　　　강 씨는 어디에 삽니까?
강유미 : 저는 인사동에 삽니다.

### EXERCISE 1

[1]
1　A: 失礼ですが、お名前は?
　　B: 私は이현우です。
2　A: 失礼ですが、お名前は?
　　B: 私は김민지です。
3　A: 失礼ですが、お名前は?
　　B: 私は유세희です。
4　A: 失礼ですが、お名前は?
　　B: 私は鈴木太郎です。
5　A: 失礼ですが、お名前は?
　　B: 私は山田秀男です。
6　A: 失礼ですが、お名前は?
　　B: 私は田中花子です。

[2]
1　A: お名前は何とおっしゃいますか。
　　B: 私は최동건と申します。
2　A: お名前は何とおっしゃいますか。
　　B: 私は박재원と申します。
3　A: お名前は何とおっしゃいますか。
　　B: 私は김수지と申します。
4　A: お名前は何とおっしゃいますか。
　　B: 私は佐藤健治と申します。
5　A: お名前は何とおっしゃいますか。
　　B: 私は高島利香と申します。
6　A: お名前は何とおっしゃいますか。
　　B: 私は中村明子と申します。

[3]
1　A: どこに住んでいますか。
　　B: 新宿に住んでいます。
2　A: どこに住んでいますか。
　　B: 渋谷に住んでいます。
3　A: どこに住んでいますか。
　　B: 原宿に住んでいます。
4　A: どこに住んでいますか。
　　B: 新沙洞に住んでいます。
5　A: どこに住んでいますか。
　　B: 狎鷗亭に住んでいます。
6　A: どこに住んでいますか。
　　B: 彌阿洞に住んでいます。

### DIALOGUE 2

강유미 : 아오키 씨의 취미는 무엇인가요?
아오키 : 제 취미요? 요리와 여행입니다.
　　　　또 한국 드라마를 보는 것도 좋아합니다. 강 씨의 취미는요?
강유미 : 저는 드라이브와 쇼핑을 좋아합니다.
　　　　또한 일본 문화와 패션에도 흥미가 있습니다.

### EXERCISE 2

[1]
1　A: 趣味は何ですか。
　　B: ゲームとショッピングです。
2　A: 趣味は何ですか。
　　B: 釣りと山登りです。
3　A: 趣味は何ですか。
　　B: 読書と生け花です。
4　A: 趣味は何ですか。
　　B: ドライブと料理です。
5　A: 趣味は何ですか。
　　B: ゴルフとスキーです。

[2]
1　A: 趣味は何ですか。
　　B: 音楽を聴くのが好きです。
2　A: 趣味は何ですか。
　　B: 絵を描くのが好きです。
3　A: 趣味は何ですか。
　　B: 囲碁を打つのが好きです。
4　A: 趣味は何ですか。
　　B: 山に登るのが好きです。

## FREE TALKING

다음 질문을 하고 상대방의 대답을 적어 보세요.

- 日本の家庭に招待されたことがありますか。
- 日本の友達を家に招待したら、何をしたいですか。
- 日本の家庭を訪問する時、どんなプレゼントを用意して行きますか。

## LEVEL UP EXPRESSION

- 誕生日パーティーにお招きしたいのですが、お越しいただけますか。
  생일파티에 초대하고 싶습니다만, 참석하실 수 있으신지요?
- ご招待してお食事をごちそうしたいです。
  초대하여 식사를 대접하고 싶습니다.
- 残念ですが、その日はちょっと都合が悪くて…。
  유감입니다만, 그날은 좀 사정이 안 좋아서….

# EXERCISE 2

**1**

A: 今日はご招待してくださって、誠にありがとうございます。

B: いいえ、どういたしまして。
おかげさまで、こちらこそ楽しかったです。

1. ご案内する
2. いらっしゃる
3. 誘う

단어  誠まことに 정말로, 참으로 | どういたしまして 천만에요 | 楽たのしい 즐겁다 | いらっしゃる 가시다, 오시다, 계시다 | 誘さそう 권하다

# DIALOGUE 2

mp3 88

姜: 今日はご招待してくださって、
本当にありがとうございました。

青木: 何のおかまいもできませんで…。

姜: とんでもありません。
おかげさまで本当に楽しかったです。
今度お暇な時、ぜひ家にも遊びに来てください。

青木: ありがとうございます。
喜んでお伺いします。

단어  招待しょうたい 초대 | おかまい 대접 | とんでもありません 천만에요 | おかげさまで 덕분에 | 暇ひま 짬, 틈 | 遊あそぶ 놀다 | 喜よろこんで 기꺼이 | 伺うかがう 찾아뵙다